『わたしらしく輝きたい！「ごきげん体質」のつくりかた』
正誤表

本文中に左記の誤りがありました。
謹んでお詫び申し上げますと共に、訂正いたします。

・四頁　一行目（誤）スポート
　　　　　　　（正）パスポート　←

わたしらしく輝きたい!
「ごきげん体質」のつくりかた

人生を楽しくする36のアイデア

ごきげんスペシャリスト・コーチ
朱 麻由美
Akane Mayumi

今日の話題社

まえがき

――「ごきげん体質」が、幸せへのパスポートです！

あなたは、いつも頑張りすぎていませんか？
この本は、こんな女性のために書きました。

・疲れ切った体で自分に鞭《むち》打ち、今日も必死で頑張っているあなた
・家族を第一に考えて生きてきたけど、私の人生こんなもの？　不幸ではないけれど
　このままでいいの？　と戸惑っているあなた
・私の幸せってなんだっけ？　とわからなくなっているあなた
・一生懸命生きているのに、人間関係でいつもつまずくあなた
・最近いつ笑ったっけ？　と前回笑ったことを覚えていないあなた
実はこれ全部、以前の私です（笑）。
この中に一つでも当てはまったのなら、そして、この本を手に取ったのなら、**幸せへの**

スポート「ごきげん体質」になれるチャンスです。

なぜなら、「ごきげん体質」になることで、人生が激変し、朝は幸せな気分で目覚め、毎日の空の変化を楽しめるようになり、通勤途中のお花に気付いたり、人のやさしさに感謝したり、次はどんな楽しいことをしようか？　誰に会いに行こうか？　と楽しいことでいっぱいの人生に変わるからです。

人生において岐路となるのは、お金、仕事、病気（本人または大事な人）に大変なことが起きたときと言われています。

私の場合は、自分の体調不良には片目をつぶり、「頑張り病精神」で乗り切ってきました。自分がすごく頑張っているから、人に対しても厳しかったと思います。いつも不満でいっぱいでした。

まだ「ごきげん体質」の大切さに気付くことができませんでした。

しかし、次女が病気になったことで、私の生きかたについて、強制的に方針転換をせざるをえない状況となったのです。

そこで、なぜ私がこんなことになるのか？　何かがおかしい！　と真剣に考えるようになり、さまざまな学びを得ることになりました。

そして、多くの学びから得た答えは、**「ごきげん体質になることで、幸せになれる」**ということでした。


それから「ごきげん体質になる！」と決めてから、見える世界が変わりました。


毎日、空を見上げるようになりました。

ため息がなくなりました。

風や空気を感じるようになりました。

何気ない人のやさしさを感じるようになりました。

笑顔が増えました。

職場以外では、「癒される」と言われるようになりました。

「ありがとう」をたくさん言うようになり、また言われるようにもなりました。

人に頼ることが、少しずつできるようになりました。
悲しいときに泣けるようになりました。

頑張っている人ほど、思考に「癖」があります。
感情を抑える、休めのサインを見逃す、やりたいことにふたをする、難しいほうを選ぶ、正解を求める。
もう、そんな癖は手放しましょう。

「ごきげん体質」になる三十六のアイデア
本書では、全六章・三十六のアイデアを通じて、これまでのネガティブな思考グセを手放し、「ごきげん体質」になるためのパスポートをお渡しいたします。

第1章　「本音で生きる」
第2章　「いつも幸せ気分」
第3章　「私を好きになる」

あなたが「ごきげん」でいると、周りもごきげんになります！

この「ごきげん体質」は、実は誰でもすぐに簡単になれるものです。なるのは簡単ですが、継続が大切です。

なぜなら、長年自分とずっと一緒にいた思考の癖を変えるには、筋トレと同じように少しだけ時間がかかります。

ただし、「やらねばならないこと」「しなければならないこと」でもなく、「つらいこと」でも「しんどいこと」でもありません。

本来のあなたを取り戻すだけです。

思考の癖を変える途中で、今までにない感情が湧き上がってきたなら、それはよい変化の証だから大丈夫！　必ず取り戻せます。

思考の癖が、「ごきげん体質」になるまで、楽しみながら「やりたいところから、やりたいだけ」やってみてください。

「できないとき」「できなかったこと」があっても大丈夫！

「さあ、頑張るぞ！」ではなくて、肩の力を抜いて、「ごきげん体質を楽しもう！」で充分です。

うまくできなくても、「あっ、そうだった！」と次回やってみればいいんです。

だって、もともとのあなたを取り戻して、幸せになるだけだもの。そのことを思い出すだけです。


そうすれば、いつも「ごきげん体質」。自分がごきげんであれば、周りの人にもやさしくなれて、応援されるようになります。

応援されたら、あなたにとびっきりのチャンスやラッキーなことが舞い降りてきます。

そして、ごきげんはごきげんを連れてくるので、あなたの周りはいつしかごきげんだらけとなります。

毎日がどんどん楽しくなり、そこそこの幸せではなく、望む未来が向こうからやってくるのです。

さあ、あなたも今日から「ごきげん体質」になって、「世界一幸せな自分」になりましょう。

応援しています。

二〇二〇年八月吉日

朱《あかね》　麻由美《まゆみ》

目　次

第3章

「私が好き！」になっちゃおう！

第4章

「みんな」を味方にしちゃおう！

第5章

「時間とお金」を味方につけちゃおう！

第6章

「生活の場」を味方につけちゃおう!

第1章
「本音で生きる」って、気持ちいい！

アイデア 1

思い切って「感情を押し込める癖」をやめてみよう

人前では、いつも元気な姿を見せてしまう。

「○○ならこうあるべき」と自分を抑えてしまう。

あなたは、そんな癖があることで、ときおりつらくなったり、ため息をついたり、心が押しつぶされそうになったりしていませんか？

「周りとうまくやりたい」「自分さえ我慢すれば」と、つい考えてしまう癖を持っている人は、いつも空気を読んで人に合わせてしまう、心のやさしい人に多い気がします。

でも、この癖を放っておくと、自分らしさがなんだかわからなくなり、心がどんどん疲れていって、気がつくと、自分は「何がしたいのか？」「何が望みなのか？」などが見つからなくなり、不平や不満、不安でいっぱいの自分になってしまいます。

だからこそ、ここで思い切って、そういった「感情を押し込める癖」をやめてみましょう。

でも、それは、自分勝手にふるまおうということではありません。

「本当は嫌なのに我慢していること」「弱い自分を見せたらいけない」など、「望んでいない思い込みから解放されて、本来のあなたに対して素直になる」ということです。

まずは、小さなことから始めてみましょう。

たとえば、「自分はこうあるべき」とか「周りの人たちがどう思うか」ではなく、**「自分がどうしたいか」**を最優先して決めていく。

また、「気乗りしないつきあいだけの集まりには行かない」「つらいときは思い切って友だちに相談してみる」ということも、自分に対して素直になるということです。

つい、「こんなことをしたら嫌われるかも？　変だと思われるかも？」って思ってしまいませんか？

そもそも周りに一〇〇人の人がいたら、その全ての人に好かれることは不可能です。

そして他人は、あなたの人生の責任を取ってくれるわけではありません。
あなたの人生は、あなただけのものです。あなたには幸せになる権利があります。
本当のあなたを取り戻すだけ。だから大丈夫！

思い切って、感情を押し込める癖をやめてみたら、本当は大好きなこと、やりたかったこと、なりたい未来が必ず見えてきますよ！

アイデア2

「休め！のサイン」を見逃していませんか？

かつての私は、毎日疲れすぎて週末起きられず、家事など何もできなかったとき、いつも自己嫌悪の塊でした。

「あーあ、この週末も何もできなかった（涙）」

「あれもこれもやりたかったのにダメな私」

友人から「もっと休んだほうがいいよ」と言われても、「休める人はいいよね！　一日二十四時間でも足りない私はどうすればいいの？」。

やりたいこと、やるべきことが多く息つく暇もないのに誰もわかってくれない！

「すごいね、スーパーウーマンだね」と言われるたびに、「疲れている体に鞭打って頑張っているのに、このつらさは誰にもわからないよね」と思っていました。

一日二十四時間はみな同じ。人生も仕事も、もっともっと輝かせたい！　それには、人より頑張るしかない！

人より頑張ることで、仕事では一定の評価を受けていました。その「頑張ればなんとかなる」という成功体験が、なかなか頑張り病から抜けることができない要因でした。

一度引いたら、なかなか治らない風邪。「風邪薬を一か月以上も出せません！ 休んでください」と医師に言われたり、検査しても異常なしの理由のない背中の痛み、喉が腫れすぎて腕が上がらなくなり、「もう少しで息ができなくなるところです。なぜ、もっと早く病院に来なかったのですか？」とステロイドの点滴を受けることになったり、埼玉での会議中に四〇度の熱が出て、駅までまっすぐに歩けず、おばあさんのように腰を曲げて地面のタイルを見ながらどうにか横浜まで帰ったり、生理が止まらず、大出血したり。

次から次へと、これでもかこれでもかと、今思えば「これでも、まだその生活を続けますか？」というメッセージが来ていたのに受け取れませんでした。というか、わかりませんでした。

今ならわかります。自分の健康状態がどれほど大切か。休養を取り、気分よく元気に仕事や家事や育児をしたほうが、どれほど高いパフォーマンスを発揮できることでしょう。

だから、**あなたには、大切な体を大事にしてほしい**。それがすなわち、仕事や家事や育児の効率を上げることにつながります。そのために意識して休養を取りましょう！

そして、休養を取ったら、**休養を取れたあなたをほめてあげましょう**。これは筋トレのようなものです。習慣になるまで意識しましょう。そうでないと次々と悪いメッセージがやってきてしまいますよ！

休養を取ったら、今度は、**自分の大好きなことをしましょう**。

そのことをやっているときはワクワクするし、考えただけでも笑顔になれること。あなたにも大好きなことがありますよね？

大の旅好き、神社好きの私は、行きたいところがたくさん！　行きたいリストも山のように持っています。行くことを想像しただけでワクワクします。

かつての私は仕事もそれなりにたくさんあり、ストレスもたまりまくっていました。休もうとすると、行く前にその間の仕事を片付けていかなくてはならず、戻ってきてはまた忙しい。

休みの最終日などは、明日の机の上を想像するだけで憂鬱になりました。

そしてまたストレスがたまり、休みたくなる。

「あれ？　おかしい」

大好きな旅そのものが、本来は新しい発見や刺激にあふれています。美しいものを見たり、美味しいものを食べたりして、ごきげんになるから大好きなはずです。

しかし、いつしか「休みかぁ、また大変だなぁ」と思ってしまっていたのです。

「仕事を休むために忙しい。忙しいから休みたくなる」

なんかおかしい。いつからそうなってしまったのか？　そう気付いたら、すぐ立て直し！


そう、旅は誰かに命令されて行くわけではありません。

ストレス解消が目的ではないとは言わないけれど、仕事をしているから旅費も出せるし、行きたいところに結構行けている。

前後の仕事は大変だけど、それでもなんとか休めている。

「休むから忙しい、忙しいから休みたくなる」のではなくて、そのお仕事をクリアしてでも「行きた〜〜い！」というワクワク感、幸せ感があるから、旅に出る。

行きたいという気持ちがあるから旅に行くし、たくさんのごきげんをもらってパワーアップできる！

「なんだぁ。やっぱり旅は私にとってなくてはならないものだから、私が行きたい！　んだよね。ただそれだけ」

「休め」のサインを見逃さない。そして休んだら、ワクワクすることをしよう！

アイデア 3

「難しいほう」を選ぶのをやめてみる

世の中の風潮として、「より困難な道を選ぶべき」があるように思います。

私もずっと、迷ったとき、選択を迫られたときはあえて、そうしていたように思います。

それは、「難しいほうを選んでやり遂げることは、成長につながる」という意味からです。

たしかに、一理あります。

でも、よく考えてみるとわかるのですが、いつもいつも苦しい道は必要でしょうか？ いつもいつも難しいほうを選んで心身ともに疲弊して、それが成功へとつながればまだしも、うまくいかない場合もあります。

もっと言うと、難しいほうを選ばないと、幸せやなりたい未来は手に入らないのでしょうか？ それは、誰が決めたのでしょうか？

世の中には、なりたい未来を手に入れて、ごきげんで生きている人がたくさんいます。その人たちは、いつもいつも難しいほうを選んでいるのでしょうか？　そうではないと思います。

なぜなら、一部の困難に打ち勝つ自分が好きという人をのぞき、難しい、やさしいではなく、やりたいことを選んでいる人が多いからです。そして、やりたいことイコール難しいことではないからです。

豊かな人生を歩むなら難しいほうを選ぶのではなく、「やりたいこと」を基準に選んでいい！　そして、それはやさしいほうでもいい！　ということです。

さらに、多くの人が「やりたいことがあるのに、やらねばならないことが多すぎて、やりたいことができない」と思っています。本当にそうでしょうか？

その「やらねばならないこと」は、本当に今すぐあなたがやらなければならないことでしょうか？　まずは、そこを考えてみましょう。

どうしても必要なことは、「やらねばならないこと」ではなく、「やること」に変えましょう。

誰かにお願いできることは、お願いしてしまいましょう。

なぜなら、たくさんの「やらねばならないこと」を持っていると、それが終わるまで「やりたいこと」ができないからです。

やりたいことができないと楽しくないし、ますますやらねばならないことが嫌になります。

次に、思い切って「やること」（元々のやらねばならないこと）をできるだけ捨てましょう。あなたの人生は、**やるべきことをやる人生ではなくて、やりたいことをやる人生**なんですから。

そして、最小限になった「やること」と同時に「やりたいこと」を始めましょう。

時間は有限です。「あとから～」「余裕ができてから～」「やるべきことが終わってから～」では、いつまでたってもやりたいことに到達できません。

また、「やりたいこと」を先にやることで、ワクワク感や幸福感が出るので、好きではない「やること」も難なくできてしまうという効果もあり、一石二鳥なんです。

やることとやりたいことを分けてみたら、「やるべきこと」に追われる人生から、「やりたいこと」を追いかける人生に変わりますよ。

失敗を恐れるあまり、自分のやりたいことを見つけられない、動き出せない、という人も多いですね。

そもそも、「失敗」をいけないことだと思っていませんか？

そう思うのは、真面目に生きて頑張ってきた人に多いと思います。

周りを気遣うあまり、「失敗しないように！」「この場に一番ふさわしいのは？」と自分の気持ちを押し殺したり、自分がどうしたいのかが後回しになってしまうことは、とてももったいないことです。

（世の中では、いわゆる「いい子」で育った人に対して否定的に取る人もいますが、私は、子どもなりに周りを気遣い「いい子」に育つことができた人をすごいね！と思います）

学生時代の試験においては、「正解」を求めることはたしかに大切なことでした。

でも人生において、正解であることはそんなにも大事ではないと思います。そして、その正解の定義は、ものによっては変わってしまうこともありえます。

だったら、これから必要なことは「**自分で決めたことだから、自分で責任を持つ、責任を取る**」ということだけです。

その先には、清々しいすてきな風景が待っています。

「**これで正解かどうか**」**は気にしない**で、堂々と進んでいきましょう。

アイデア 4

「大人だから」と我慢しない！

いつから、空気を読むようになったのでしょうか？

いつから、大人だから我慢しなくちゃ！　と思うようになったのでしょうか？

いつから、何も考えず好きなことを好きと言えなくなってしまったのでしょうか？

いつから、親のため、子どものため、家族のためと、「自分の思い」が後回しになったのでしょうか？


「大人だから、このくらい我慢しなくちゃ！」

大人って、そんなに修行のような日々を送らないといけないのでしょうか？

「今さら、こんなことをやるなんて、子どもみたいと笑われてしまう！」

誰に？　たとえ笑う人がいたとしても、それって気にすることでしょうか？

あなたの人生に、他人は責任を持ってはくれません！

人生一〇〇年時代になって七十歳以上の人たちが後悔していること、そのナンバーワンは「何かをうまくできなかったこと」でもなく、「もう少し頑張ればよかったこと」でもなく、**「チャレンジしなかったこと」**なんだそうです。


本当に、七十歳以上の七割の人が、いつも安全重視で行動を全く起こさなかったのでしょうか？　そうは思えません。そのときどきで選択をしてきたはずです。

それでも、「チャレンジしなかったこと」を後悔しているということは、「もっと、思い切って、リスクを取ってチャレンジできたはず！」という思いが残っているからではないでしょうか？


誰もが後悔のない人生を歩みたいと思っていることでしょう。

あなたは、人生を振り返ったときに、「チャレンジしなかった」という後悔を持つ七割の人の中に入りたいですか？

新しいことにチャレンジするには、ちょっぴりの勇気とリスクもあるかもしれません。

ちょっと怖いかもしれませんね。だって未知との遭遇だから。

でも、やりたいことや好きなことなら、チャレンジしないことのリスクのほうが大きいとは思いませんか？　**チャレンジできる自分って素晴らしいこと**なんですよ。

このチャレンジをしにくくしている原因の一つは、「鎧《よろい》」ではないかと思います。

社会に出ていると、厚い薄いは別として、誰もが「鎧」を着けているのではないでしょうか。

そして、多くの人が、見動きできないほどの重さの鎧を着て、前にも後ろにも進めなくなっているようです。

この鎧は重いし暑いし、ちょっと脱いでみようかと思ってみても、鎧を着ける前の自分自身がわからなくなっていて、今さらこの鎧を着けていない自分をさらけ出すのが怖くて、多くの人が脱ぐのをやめてしまいます。

鎧を脱いだらどんなふうに人に見られるか？

変な人だと思われるかもしれない！

嫌われるかもしれない！

鎧をたくさん着込んだ要因があるから余計に怖い！

でも、鎧は全部いっぺんに脱がなくてもいいんですよ。ちょっとずつちょっとずつ、脱いでいけばいいんです。

脱いでも大丈夫な環境で、一枚一枚脱いでいけばいいんです。あなたにも、ありのままの自分を出しても大丈夫な環境が必ずあります。よりよい環境をつくるために、誰とつきあうかを選べるのも、大人の特権だと思います。だから大丈夫！

一枚脱いだらわかると思いますが、すごく軽くなります。今までいったい何だったんだと思うくらい軽くて、気持ちがいいんです。

鎧を脱いで本当の自分になりましょう！

そして、思い切りチャレンジしていきましょう！

第2章

「いつも幸せ気分」でいこう！

アイデア 5

「今日はごきげんな一日にする」と決める！

突然ですが、**あなたは、毎日、ごきげんに生きていますか？**

そう聞かれて、即座に「もちろん、いつもごきげんです！」と答えられるようになっていただきたいと日頃から願っています。

そのためには、まず**「ごきげんな生きかたを選ぶ」**ということが大切だと思います。

「ごきげん」の反対、つまり「ふきげん」について、ゲーテは二百年も前に、「人間の最大の罪は、ふきげんである」と言っています。さすがです。

最大の罪と聞くと、ちょっと大げさに感じるかもしれませんが、「ふきげん」って伝染するのです。あなたも、相手にいやな態度をとられると、ふきげんな気分になりませんか？

人は無意識（潜在意識）でつながり合っているといわれているので、その考えかたでいくと、ふきげんも伝染していくということなのです。

この世界の多くの人は、どんな人でも、間に六人知人を介せばつながり合うという仮説もあります。そう考えると、たった一人のふきげんも、とても大きな影響力があると思いませんか？


だからこそ、反対に「ごきげん」が大切です。どうせ伝染させるなら、ごきげんがいいですよね。

あなたがごきげんなら、身近な人にやさしくでき、その人がまたごきげんになり、次の人にやさしくできて、世界がごきげんになっていく……。そんな世界を目指して、私は「ごきげんならすべてがうまくいく」をモットーにしています。


さて、人生をごきげんにするには、朝起きたときでも、家を出たときでも、まず空を見上げてから、**「今日はごきげんな一日」と決める**ことが大事です。

特に、
・体調不良

・最近なんだかあんまりうまくいっていない
・人に対してやさしくなれない
・人の幸せを喜べない
・「いつもの私じゃないなぁ」
と感じているときは、やってほしいと思います。


ネガティブな気持ちに偏っていたり、前向きになっていないときは、猫背で下を向きがちではないでしょうか？

そんなときこそ、空を見上げてほしい！

晴れていなくても、「今日の空はどんなかなぁ」と見上げる。

そして「今日もごきげんでいよう！」と自分の意思で決めること。

たとえば、私の場合、毎朝、今日もごきげんでいようと決めてからは、朝のラッシュでぶつかってもあやまらないサラリーマンにいちいち腹を立てなくなったし、マナーの悪い人に対しても、人への配慮もできないほど余裕がないのだなぁ……と思えるようになりました。

要は、どうでもいい小さいことで、私が決めている「ごきげんでいる一日」を侵されなくなったということです。

一日は誰にでも平等にやってきて、平等に去って行きます。楽しくても、悲しくても、悔しくても、イライラしても、笑顔で過ごしても一日は一日です。

それなら、毎日をごきげんな笑顔で過ごしませんか？

それでもうまくできないときは、こう考えてみてください。

「一年後の私なら、今の私を見てどう思う？」

「このシチュエーションの何にイラっとしたり、気分が悪くなったりするのかな？」

分析して、自分の思考の癖がわかれば、「あ、そうか」と納得できます。

そして少しずつ、その癖を直していけばいいのです。

どんな一日にするかは、自分が決める！　と決めましょう。

アイデア
6

「小さな幸せ」を集めたら、周りもハッピーになる

大きな幸せもいいけれど、**「小さな幸せ」をたくさん持ってほしいなぁと思います。**

「小さな幸せを持つ」ってどういうことでしょうか？

それは、小さなことにも感謝でき、「やってもらうことが当たり前・あることが当たり前」と思わずに幸せを実感すること。

そして、たくさんの幸せを持っていると自覚すると、人に分け与えたくなるものです。

人は自分の鏡です。

人にしたことは自分に返ってきます。

人に親切にしたり、人のためにしたことは、結果として自分に返ってくるのです。

ただ一つだけ、気を付けてほしいのは、**まずは自分が先に幸せになる**、ということです。

なぜなら、自分が幸せでないのに、人を幸せになんてできないからです。

自分からあふれ出た幸せが、人を幸せにするからです。

小さな幸せを集めて、まずは自分が幸せになりましょう。

小さな幸せ　その①「笑顔」

幸せでいると、楽しくて自然に「笑顔」になりますね！　見ているほうもなんだか嬉しくなります。

笑顔には、老化防止、免疫力アップ、ストレス解消などの効果があると言われています。

そして、笑顔が魅力的で楽しそうな人の周りには、よい気が充満しているからか、たくさん人が集まってきます。仕事でも、仏頂面の人より笑顔がステキな人とのほうがうまくいきそうです。

笑顔になれば、ごきげんオーラが輝き出す！　と言っていいと思います。

自分が幸せを感じていなくても、人より先に笑顔になってみませんか？　やったもん勝ちです！

具体的に、どうしたら笑顔になれるかについて考えてみましょう。たとえば、これから先、「待ち焦がれる日や予定」はありますか？

ただの予定ではないですよ。楽しそうな予定でもないですよ。待望の、待望の、待ちに待った！　と当日に思うくらいの予定です。

楽しそうな予定はあるけれど、待ち遠しいほどの予定ってなかなかありませんよね。それがあるだけで、ほとんどのことは乗り越えられる。そんな「待ち焦がれる予定」をぜひつくっておきましょう。

公務員をしていたときと違って、今は私が決めたらいつでもどこへでも行っていいのです。この開放感ったらありません！　そして義理みやげ選びに悩むこともない！

「待ち焦がれる日」をつくると、毎日がパラダイスになりますよ！

小さなことであっても「私はツイてる！」「ラッキー！」と思うことによって、毎日を笑顔にすることもできます。

同じ出来事でも捉えかた次第です。ツイてることが起これば、さらにツイてる出来事が増えてきます！　不思議ですね。

小さな幸せ　その②「ラッキーシンボルさがし」

私は、「花嫁さん」をラッキーシンボルにしています。
見ただけで幸せな気分にさせてくれると同時に、なんだか気持ちがほんわかするので、見かけたら特別ラッキー☆と思っています。

このことを意識するようになってから、特によく花嫁さんと遭遇します。友人も「麻由美ちゃんといると花嫁さんによく会うよね」と言うくらいです。

花嫁さんを見かける
↓
知らない人でも「お幸せに！」と思う
↓
幸せな気分が私に伝染する
↓

なんとなく幸せな気分になる

←

「きっといいことが起きるはず！」

←

「いいことがまた起きた。やっぱりラッキーシンボルに違いない」

←

花嫁さんを見かける

←

いいことが起こる

あなたにも、こんなラッキーの循環ができたら楽しいですよね！

さっそく、いい予感を知らせる「ラッキーシンボル」を決めましょう！

小さな幸せ探し　その③「ないない病」に気を付ける

反対に気を付けたいのは、ネガティブなことにフォーカスすることで生まれてくる「な、い、ない、病」です。

「お金がない、いから」
「もう若くない、いから」
「時間がない、いから」

やりたいことができないと言う人や、今が満足じゃないけど変わることは無理です、と言う人は、たいていこの三つのフレーズをよく口にします。
言い訳というより、ご自身の足りないところに目が行ってしまい「私には、あれもない！これもない！　これも足りない！」と決めつけているように思えます。足りないと思っているると、そこにばかり目が行きますよね。

どれくらい、お金があったら満足ですか？
↓お金は豊かにしてくれるけれど、お金持ちでも不幸な人はたくさんいますよね？

年がいくつならば、満足な人生なのですか？

↓その時代に戻れたら、大満足な人生を送れるのでしょうか？


時間がどれだけあったら、満足ですか？

↓眠らずに生きられたら、幸せなのでしょうか？


なんかもったいないなぁ、と思います。

あなたを幸せにしてくれて、満足な人生にさせてくれるのは、お金や若さや時間ではなく、今のあなた自身だけです。あなたがあなたをまず幸せにしてみましょう。

小さいことにも目を向けてみたら、平和な日本に生まれて、今まで生きてこられて、あれもこれもいろいろできていたのではないですか？

できなかったこともあるけれど、きっと「できた！」こともいっぱいあったはず。

そんなこと自分にあったかな？　と思ったあなたも、大丈夫！　今から「いっぱいある」に目を向けてみてください。見える世界が変わりますよ！

できたことも、持っているものも「いっぱいある！」そう思えるようにしたいですね。

また、**「他者のネガティブな感情を引き受けない」**ということも大切です。

共感力の高い人ほどこういう状態に陥りやすいようです。
・夫のイライラをもらってしまう
・親から近所の人の悪口を聞かされてしまう
・友人から会社の愚痴をたくさん聞かされる
・SNSでネガティブな発信ばかりを見てしまう
・根拠のない、不安や心配、ネガティブな気持ちを引き受けてしまう

マイナスのオーラをたっぷり出す人がいる環境にいるとこうなりがちなので、避けたほうがいいのですが、避けられないこともありますよね。そんなときは、

「このネガティブな気持ちは、夫のイライラが伝染してきただけ」

「親や友人のネガティブな感情が伝染してきただけ」

と思ってください。そう、「私のものではない」のです。

だから、

「私のものではないので、手放します」

と宣言してみましょう。

たったそれだけで、他者の感情に翻弄されることが減るはずです。

日常には、実はワクワクや、ほっこりすることや、よかったことがたくさん隠れています。そして、その小さな幸せに気付けば、他の幸せやワクワクが付いてきて、感謝の気持ちに包まれます。

難しいことじゃありません。本当は、誰でも感じられることなのです。

「当たり前の日常」の中にある小さな幸せに気付くことが、実はごきげんな生きかたへの近道なんですね。

アイデア 7

「何でもない自分」をほめてみる

自己肯定感が低めだと、自分の価値を上げるために何か付加価値、目に見える価値を付けたくなります。

そして自分と他人を比較したり、必要以上に頑張ってすごい人になろうとしたりします。

自己肯定感を上げるには、まず**自分を好きになること**が大切と言われています。

でも、大抵の人はそのままの自分を好きになれず、

「これができたら、素晴らしい自分になれる！」

「こんな結果を出せたなら、すごい自分になれる！」

と決めて頑張って達成して、そこにはやっと好きになれる「条件付きの自分」がいます。

ちなみに以前の私は、この典型的なタイプでした！

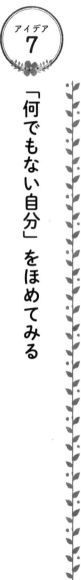

また、こんな方もいます。目に見える大した業績を出していなさそうなのに楽しく生きている人を見て、「あんな程度で満足しちゃって、レベル低すぎ」って思ってしまう。よくセッションやグループワークで遊び気分で自分をほめてもらうのですが、大抵の方が照れもあり、目に見えることやわかりやすいことだけをほめるか、「そんなぁ、自分にほめるところはありません」という回答をしてしまいがちです。

本当にそうでしょうか？

自分をほめるのって、慣れです。実際に声に出して練習しているうちに、ほめるのがうまくなってきますよ！　たとえばこんな感じです。

例1　週末。疲れてずっと家で過ごしたとき。

「自分をいたわり、いつも働いてくれる体に感謝して、エネルギーチャージしている私って、いいよね」

例2　SNSで友だちの投稿を見て、いい気分になり、いいね&コメントを書いてみたとき。

「友だちを応援できて、素直にいい気分になる私、すてき！」

こんな感じでやってみましょう！　これも「心の筋トレ」です。すぐには効果が実感できなくても、毎日少しずつでもやっていくと、特別なことをしていない自分がどんどん素晴らしく思えてきて、自分のことを好きになってきますよ。

そして、自分に何か特別な付加価値をつけなくても大丈夫になってきます。

「いつもちゃんとしていること」、「優秀でいようとすること」や「特別で目に見えるすごいこと」や、「誰にでもやさしい人でいようとすること」は必要なくなってくるのです。

頑張りすぎて疲れているときは特に、**何でもない自分自身をほめてみましょう。**

あなたが存在しているだけで素晴らしく、必ず誰かの役に立っています。

評価のハードルを高くしないで、ゆるく楽しく、ほめていくことが続けていくコツですよ。

アイデア 8

「自分だけ幸せ」でいいの？（いいんです！）

家族に病人や問題を抱えて苦しんでいる人がいるなど、近しい人が何かしら問題や心配事を抱えているというお話をよく聞きます。

そんなときは気持ちもどんよりしてしまいがちですよね。そして本来楽しいはずのことが楽しくなくなってしまう。すべてが面倒になってしまうという経験は、誰しもあるのではないでしょうか。

「自分だけが幸せでいいのか？」

「自分だけが楽しんでいいのか？」

という罪悪感にさいなまれるのですね。

私も三度のご飯より旅好きなのに、娘が病気になったとき、誰に言われたわけでもなく全て封印しました。

家族は大切です。家族の痛みは自分が傷つくよりつらい場合もあります。

だからといって、どこまでも永遠に一緒に苦しめばいいのでしょうか？

人によっては、病人の看病や介護を、不眠不休で頑張ることで、罪悪感にさいなまれずにすむ、という場合もあるかもしれません。

また、悩みを抱えている家族のために、あらゆる問題解決策を見つけてくることで、少しでも自分が役に立っていると思える場合もあると思います。

でも、こんなふうに「家族を自分の力で幸せにしよう！」「私がなんとかしなければ」と思う気持ちは、実は「家族は自身の力では幸せになれない」と思っていることにもなります。

本当に大切なのは、**「家族自身が幸せになる力をちゃんと持っている」と信じる**ことです。

私自身、心理学を始めさまざまなことを学ぶまでは、そんなことは知りませんでした。

家族の問題は私がなんとかしなければ、といつも考えていましたし、そして疲れていました。

でも、**自分を本当に幸せにできるのは自分だけ**です。

それは家族自身についても同じで、それぞれ自分だけが自分を幸せにできます。


だったら、私が家族にできることって何でしょう?

それは、**寄り添う**こと。

そして、私自身があふれるほどの幸せ、楽しさのエネルギーを出して、それを家族に感じてもらうことです。

そのためには、大好きな旅を封印している場合ではなく、疲れたら休む!

いつも自分が心の底から喜ぶことをして、ごきげんになる! のです。


自分自身が幸せになることとは、誰かの幸せを奪うことではありません。

だから、罪悪感は必要なし! 自分自身を信じて、満たして幸せになってからでないと、誰かを信じて見守ることなどできません。

だからあなたは遠慮なく、もっともっと幸せになり、あふれる幸せで大事な人によいエネルギーを届けましょう。

「自分だけが幸せでいいのか?」いいに決まってます!

幸せになる近道として、**「ありがとう」は、魔法の言葉**と言われています。

「ありがとう」を言われて嫌な気分になる人はいないですよね。

『伝え方が9割』(佐々木圭一・ダイヤモンド社)によると、一日に「ありがとう」を言えるチャンスは、三十一回だそうです。一日平均三十一回って結構な回数ですね。

家族、コンビニの店員さん、誰が相手でも、「ありがとう」を言ったことを覚えているあなたは、「コミュニケーション上手」の可能性があります。

そして、思い出せないあなたは、「コミュニケーションで損をしている」可能性があるそうです。

たまには、今日一日どこで「ありがとう」を言ったか思い出してみましょう。

そして、「ありがとう」を言ったことを思い出せたあなたも思い出せなかったあなたも、

「三十一回」を意識して伝えてみましょう。

ちなみに、私のある一日では、

①娘に朝「ありがとう」
②英会話の先生に「ありがとう」「ありがとう」
③駅員さんに出口を聞いて「ありがとう」
④交番で道を聞いて「ありがとう」
⑤交流会で事務の方に「ありがとう」
⑥司会の方に「ありがとう」
⑦ペンを借りて「ありがとう」
⑧名前を書いてもらい「ありがとう」
⑨十四人と名刺交換して、それぞれに「ありがとう」
⑩パスポート申請に行き、用紙をもらい「ありがとう」
⑪受付してもらい「ありがとう」
⑫確認してもらい「ありがとう」

⑬帰りにパンを買い「ありがとう」
⑭帰宅してから娘に「ありがとう」「ありがとう」

今日は大勢の人に会ったので、合計二十九回。結構言っていますね！

「でも、自分にはありがとうを言う機会はそんなにないし……」とクヨクヨするあなたに、とっておきの方法をご紹介しておきますね。

それは、**「次は私の番！」**という、魔法の呪文です。

たとえば、ご自身が「婚活」をしているとして、同じ時期に婚活を始めた人たちが次々と結婚が決まっていったとしたら、どう感じますか？

よかったね！　と思う反面、自分と比較して「なんで自分だけ……」と思ってしまい、素直に喜べない自分に自己嫌悪もしてしまうかもしれません。

その気持ち、わかります！　一生懸命頑張っているとしたら、余計にそうですよね。

でも、見方を変えると、その人たちがあなたの遠い未来や自分の欲しい未来を近くで見せてくれたのであって、実は「次は自分の番！」というサインかもしれません。

だから、焦りや嫉妬でそのサインに気付かないのはもったいないことだと思いませんか？　あなたの番が隠されているかもしれないのですから！

私も、遠い夢だと思っていた商業出版を身近な人たちが次々と実現していきましたが、そこでクヨクヨせずに「これってきっと、次は私の番！　というサインだ！」と感じ、「次は私の番！」といつも呪文を唱えていたら、こうして現実になったのです。

遠い夢と思っても**「次は私の番！」と思っていると現実になる**んです！

「ありがとう」「次は私の番」で幸せになっちゃいましょう。

アイデア 9

「ぼちぼち」「まぁまぁ」より、「いい感じ」「絶好調！」

「最近どう？」と聞かれたら、どう答えますか？

私は以前は、本当は調子がよくても「ぼちぼちです」「まあまあです」と答えていました。ちょっと気恥ずかしいということもありますが、聞いてきた相手が絶好調とは限らないので、相手に気を遣って割り引いて言っていたのです。

でも、「言霊《ことだま》」という言葉を聞いたことはありませんか？　自分が言った言葉が現実化していく、という考えかたです。言霊は、よいことも悪いことも関係なく、強力に現実をつくっていくそうです。

どうせ現実化するなら、よい方向、自分が望む方向になったほうがいいですよね？　それならば、自分の調子を割り引いて言っている場合ではないです。本当は「いい感じ」であれば、「絶好調！」と言ってもいいくらいです。

私自身、そう口に出すようになり、やりたいことがどんどん実現していくことを実感中です。

今よりもっといい感じになりたいなら、口にする言葉は「絶好調！」に。

これからは、「ぼちぼち」「まあまあ」はやめて、**「いい感じ！」「すごくいい！」「絶好調！」と答えていきましょう。**

さて、「希望を現実化していく」ということを、もう少し考えてみましょう。

あなたがなりたい未来を手にしたときに、やっていることは何ですか？

まだやっていないことがあるなら、なりたい未来の姿を先取りしてみましょう。

「鮮明にイメージできることは叶う！」と言われています。ですから、今からその思い描く未来の姿を先取りして体感することで、理想に近付くということなのです。

たとえば、お昼ご飯をいつもなんとなくコンビニやファストフードですませているなら、月に一回だけ高級ホテルでランチをしてみませんか？

「えっ、そんな贅沢はできません！」と思ったあなた。

他の日にちょっぴり節約すればいいのです。

高級ホテルでのランチは味はもちろんのこと、スタッフのホスピタリティ、優雅な雰囲気、出てくるお皿の高級感など、気分が上がることがたくさんあります。

そうした場所を利用していると、少しずつ、そこにふさわしい自分になっていきます。

空気、空間、時間の流れかたなどをまず体感する。

そしてその空間に馴染んでいる人はどんな人たちか、観察してみましょう。


「なりたい私」は、いつでも好きなときに、すてきな場所でご飯を食べています。私はお気に入りのホテルのラウンジを何度も使っているうちに、物怖じせず、まるで昔から通っているかのような感じになってきました。

また、以前はリゾートホテルに泊まっても、どうせホテルにいる時間は短いし、と眺望を気にせずカテゴリーの低い部屋に泊まっていました。なぜなら旅をすること自体がすでに贅沢だからです。

でも、今は違います！

「なりたい私」は、好きなときに、好きな場所に行くことができるので、もちろんオーシャンフロントの部屋を取るようになりました。このオーシャンフロントはたしかにお値段も相当なものですが、それ以上の素晴らしい環境と感動をもたらしてくれます。

朝起きて視界いっぱいに広がる空と海を目に焼き付けることで、いつでも瞬時に大好きなこの光景、空気、音、色を思い出すことができます。そして帰ってからもずっと幸せな気分になれます。大好きな風景には、もれなく幸せな気分も付いてきます。それを考えたら、私にはオーシャンフロントは決して高くはないのです。

このように、**具体的にイメージできればできるほど、未来は近くなってくる**のです。

アイデア 10

必ず見ている人がいるから大丈夫！

直属の上司とウマが合わない。
部下が思うように動いてくれない。
周りの人に誤解される。
一生懸命にやればやるほど空回り。
頑張っているのに報われずに悲しくなる。
イライラする。
自分が情けなくなる。

全部を投げ出したくなるたびに、誰かが投げかけてくれた、
「必ず見ている人がいるから大丈夫！」

という言葉。この言葉に、どれほど救われたことでしょう。

この言葉に何度も励まされ、投げ出していじけそうになる一歩手前で助けられてきました。


一生懸命やったことに無駄なことはないし、頑張っているあなたにも「必ず見ている人がいるから大丈夫」と思ってくれる人がいる。だから大丈夫。私もその一人。

この本を手に取ったあなたには、必ず見ている人がいるから大丈夫です。


でも、努力したのにいい結果が出ていないとき、頑張っているのにいい結果が出ていないとき、

「本当にこのままでいいのか？」

「自分はダメなのではないか？」

と自信をなくしがちですよね。


でも、諦めてやめてしまうのはちょっと待って。

最初にやろうとしたときは、何のために行動するのかを考えて決めたはず。

それなら、これまでに「やったこと」を数えてみませんか？

思い出してみれば、きっとあんなこともこんなこともやってきましたよね！

これも続けてきた！　あれも続けてきた！　と出てくるはず。

「意外と私、いっぱいやってきたんじゃない」って再認識するはずです。

だから、もう少しだけ諦めずにやり続けませんか？


結果は、出るかもしれないし、出ないかもしれない。それはわからない。

でも、結果が見えるタイミングは意外とあと一歩続けていたら出たはず、ということもあるのです。

だから、諦めるのはその後にしても遅くはありません。

やめる判断をする前に、これまでやったことを数えてみましょう。

第 3 章

「私が好き！」になっちゃおう！

アイデア 11

「私の人生、こんなもの」でいいんですか？

こんな声をよく聞きます。

「特に美人じゃないし」

「特に高学歴じゃないし」

「特に家柄もよくないし」

「特に才能があるわけでもないし」

世の中の幸せな人は、みなこの「特に」を持っている人ばかりなのでしょうか？

そして、最後には、「仕事があって」「結婚してて」「子どももいて」、だから○○はできない。正直、贅沢言ってられないよね……。

でも、「本当に？」と聞くと、遠慮がちに「もうちょっとだけ、お金が欲しい、時間が欲しい」と続きます。

そして、この後には、

「このくらいの望みでよしとしよう」

「高望みしても叶うわけないし」

「これ以上を望んではいけない、でも……」

と、続きを飲み込んでしまいます。

そして、この言葉の後に不本意ながら続けます。

「私の人生、こんなものでしょ」


もったいないな～。

「人生こんなもの！」と言った瞬間から、発展も成長も可能性も消えてしまうのに。

なぜなら、あなたに制限・リミッターをつけているのはあなた自身だからです。

この「こんなものでしょ」のイメージどおりの人生に近づいていきます。


もし何も制限がないとしたら？　お金の都合、時間の余裕、家族の反対……。

何も制限がなければ、必ずなりたい未来があるはずなんです。

今のライフスタイルに満足していないのなら、**「こんなもの」の枠を少しだけ外してみませんか？**

「こんなもの」の枠が外れたら、枠なしですからね。楽しいと思いませんか？


でも、注意事項があります。これは、自分で外すと決めた人にしか外せないのです。

他の人にお願いして外してもらうことはできません。

自分次第でどこまでも行けますよ〜。

私も、今でもちょっとずつ「枠なし」への道を進み続けているところです！

だって、そっちのほうが恐怖よりワクワクするから！


独立する少し前のこと。職場で使っていた名刺入れも古くなり、そろそろ新しくしようかと考えたときに、超一流ブランドは、「まだだなぁ……今の私には贅沢だ」と思っていました。

なぜ？　何が「まだ」だったんでしょうね？

「なりたい未来」を意識してからは、全てがパーフェクトな名刺入れを使い始めました！

お気に入りの名刺入れは見るたびに嬉しくなり、軽やかに生きる私のイメージにぴったりと思えるようになっていきました。今では、洗練された名刺入れと私は違和感ないと思っています。

少しずつ、「こんなもの」の枠を外して、小さいところから限界を超えていきましょう。

逆に、あなたがお店で友人にプレゼントを買おうとしたり、レストランで家族にごちそうしようとしていて、相手にどれがいいか選んでもらうときに、こんなふうに答えられたら、どんな気持ちになりますか？

・謙虚に聞こえると思いがちな「これでいいよ」
・何も考えず使いがちな「なんでもいい」

あなたも言ったことはありませんか？　言われたほうからすると、

「もっと他に欲しいもの、食べたいものがあるのに、値段とか気にしているのかな？」

「この中に気に入ったものがないのかな？」

「仕方なく注文したのね」

などと、不安に思ってしまいます。

「○○でいい」という言葉には、妥協や諦め感が入っているからです。

せっかく言うなら、自分で選んで「これがいい！」と言ってみませんか？

自分で選んだことで、充足感も違いますよ。

言われたほうも気持ちがいいものです。

言葉の与える印象は、たった一文字でもこんなに違うのです。

これからは、**「これでいい」より「これがいい！」**ですね。

アイデア 12

「ダメな私」でも大好きになろう！

人に感謝され、ありがとうと言われたら、とても嬉しい気持ちになりますよね。

特に大切にしている家族や友人のために役に立つことが、よい意味でのエネルギーの元になっています。

でも実は……、
・頑張っている自分
・仕事のできる自分
・仕事と育児を両立している自分
・母としての義務を果たしている自分
・頼りにされる自分……など。
私はそんな理想の自分の呪縛にずっと囚われていて苦しかったのです。そしてその胸の

内を誰にも言えませんでした。そして、

「もっと、こうできたはず」

「だから私はダメなんだ」

「どうしてもっと頑張れなかったのか」

と、たとえ自分一人ではどうしようもなかったことだったとしても、役に立たない自分を責めていました。


相手の反応に関わらず、自分がやりたいから手伝っているとか、面倒を見るのが好きでやっている場合もあります。最初はそうであったとしても、役に立とうとするあまり、だんだんと無理が出てきて、本当は疲れているのに頑張ってしまう状況になってしまいます。

たまにはサボりたいけど、罪悪感を覚えてしまう。他にやりたいことがあるけれど、自分の楽しみよりこの問題をなんとかしなければ……などと、体や心の危険信号を見ないふりして「役に立たなくちゃ！」と自分で自分を追い込んでしまう。

「役に立たない私は価値がない、存在する意味がない」

「他に何もできないから、このくらい役に立たないと」

「家族の一員として役に立たなきゃ（役に立てないのなら家族ではない）」

こんな気持ちで頑張っちゃうと、思ったほど感謝されなかったり、反応がイマイチだったりすると落ち込みます。

そのがっかりした気持ちが、「どうしてわかってくれないの？」と怒りに変わる人もいます。

以前の私は、「家族にこんなに尽くしているのに、なんでわかってくれないの？　私が悪いの？」と悲しみでいっぱいでした。勝手に無理をしておいて、気付かないうちに感謝されることを期待していたのだと思います。

そもそも、「ありがとう」と感謝されたいから役に立ちたかったのでしょうか？

違いますよね。なんとか大事な人の力になりたくてやっていたんですよね。

大切な人を思う気持ち、力になりたい気持ち。役に立たなくても、自分がしたいからやっていたのです。結果として役に立ったら、なお嬉しいです。ただ自分がそうしたいから相手を思い行動した。素晴らしいです！

あなたは、そこに存在しているだけで価値があります。

役に立つときもあれば、立たないときもあり、どちらもあなたで、価値があるんです。あなたの大事な人は、あなたが自分を犠牲にしてまで頑張ることを、きっと望んではいないはずです。それでも、「役に立たない自分には価値がない」と思いますか？　そもそもダメな自分なんていません。あなたには価値があります。

そう思うことから始めてみませんか？

「ダメな私」は、もういない！　そう口に出して言ってみましょう。

それから、SNSの「いいね！」の数を気にするがあまり心が疲弊し、SNSやブログをやめたいと思ったり、携帯の通知音の幻聴が聞こえたり。友だちなのに、「いいね！」をしてくれないのはなんで？　と悩んだりと、振り回されてしまっている人も多いですね。

たしかにインスタもフェイスブックもブログも、「いいね！」が付いたら「ありがとう」って思いますし、嬉しいものです。

私自身、四六時中見ているわけではないので、友だちの投稿もスルーしてしまい、見れない投稿もたくさんあります。「いい投稿だなぁ」と思っていても、そもそも「いいね！」を押さない人もたくさんいますよね。

きっと承認欲求が満たされないことで、つらくなってしまうのでしょう。

改めて考えてましょう。そもそも「いいね！」が欲しくて書き始めたのでしょうか？

誰か一人でも、記事を読んで勇気付けられたり、写真を見て癒されたのなら、それってすごいことです。

もっと言うと、自分自身が「誰かが幸せになりますように！」と投稿したなら、充分「いいね！」一〇〇個以上の価値があるように思います。

この本も誰かの役に立ちますようにと思って書いています。

自分で自分に「いいね！」をあげれば、他人の評価は気にならないんです！

私も自分に、いいね！一〇〇個あげちゃおう（笑）。

また、仕事などで、一生懸命なあまり、ご自身のお客様すべての人に対して一〇〇%の満足を感じてほしい！　と強く思ってしまうことって、真面目な人、努力家の人にありがちです。

そして、満足してもらえなかったのは、自分の能力・努力・気遣いが足りなかったからだ！　と落ち込んでしまうものです。

もちろん、プロとして仕事をしている以上は、お客様に一〇〇％満足をしていただくために考え、工夫し、準備するのは当たり前のことです。

でも、自分の考えうる準備をして、今日の自分の精一杯をやりきったら、それは今できる最高のことなんです。一〇〇％に満足度が満たなくても、いいんです。

もちろん、反省し改善を重ね、さらによりよくすることも大事です。

しかし「相手が満足してくれたか」だけを基準にしてしまうと、お客様の価値観や今日の気分で満足度は変わってしまいます。

〇か一〇〇かしかない人、いつも六五点を付ける人、それぞれです。さらに、体調が優れない、直前に家族と喧嘩した、嫌いな人とあなたの顔が似ていた、そんなことで満足度は変わってしまうもの。

相手の満足度は相手のものと、適度な距離を置きましょう。**大事なのは、今日できる自分の精一杯**です！　満足度の基準を相手に委ねず、自分にできる精一杯をやりましょう。

他人に関して敏感だったり、他人との関係で過去に嫌な体験をしていると、「人に合わせてばかり」になります。

気が進まなくても断ることができない。

本当は違うと思っていても言い出せない。

自分らしく生きているように見える人に嫉妬してしまう。

表面上は穏やかな平和主義者のようだけれど、自分にやさしくないからストレスでいっぱいです。

会話をしているときに、わざわざ相手の気分を壊す人は論外ですが、自分がどうしたいかは示したほうがいい場合もあります。

そうでないと「何も考えていない、流されやすい人」と思われたり、「なんでもいいんでしょ」と軽く扱われたりされがちだからです。

そして、無理に合わせていることは、意外と相手はわかっているものです。

そうすると「本音を隠している人」と思われてしまいます。空気を読んだつもりだったのに、何もいいことがありません。

そして大多数の人は、「自分らしく、明るく生きている人」を応援したくなります。

人に合わせてばかりの自分をやめて、明るく生きて、人から応援されるようになってみませんか？

アイデア 13

「私にはもう無理！」と思ったらどうする？

体調が優れないとき。

目の前のことに追われているとき。

家族から八つ当たりされたとき。

なかなか前向きな気持ちになれませんよね。

そんなときに「私には無理！」「できない！」と口に出してしまうと、脳は自動的に「できないための理由」をたくさん探し始めてしまいます。そして、自分を責め続ける毎日が始まるのです。


頭ではそのメカニズムを理解していても、ネガティブなスパイラルにはまってしまうことがあります。

そんなときは、

・眠る
・ボーっとする
・大好きな写真を見る
・美味しいものを食べる

そうやって、一度**フラットな状態**にしてみましょう。

これは一例なので、あなたの心がフラットになれる方法を日ごろから探しておくことも大事なことです。

その後、フラットな状態になって、何かを進めようと考えられるようになったら、

「どのやりかたならできそう?」
「誰と一緒ならできる?」
「いつからならできる?」と、具体的に考えてみるのです。

さらに、ヒントをください、と信頼できる人に相談してみるのもいいでしょう。

たとえば、

「どんなやりかたにすればよいのか教えてほしい」

「ヒントをくれる人に出会わせてほしい」

「タイミングを教えてほしい」

など、すぐ動けるためのヒントをもらうのです。

自分の力を信じていったんフラットな心になれば、ちゃんとヒントはやってきます！


このところ、世の中の移り変わりが早すぎて、忙しい人が多く、頑張り屋さん、責任感が強い人ほど、緊張が続いています。そういう人たちは、どうすれば自分の心をフラットにできるでしょうか？

まずは「リラックスしましょう」というアドバイスが思い付きますが、この人たちは真面目なので、リラックスしようとすればするほど、「リラックスしなきゃ」「リラックスをせねばならない！」とさらに緊張する悪循環になってしまいがちです。

私も一時期、リラックスしようといろいろ試したことがありますが、本当のリラックスって何？　みんなそんなにリラックス上手なの？　と、訳がわからなくなってしまいました。たとえば、お風呂で瞑想しようとしたら、湯船で眠ってしまったり。アロマでリラックスしようとしたら、アロマをもっと知りたくなってどんどん調べてしまったり。かなり迷走していました。

そんな試行錯誤のなかで、自分なりに効果があった方法をいくつかお伝えしたいと思います。

まず、緊張が続いたときは、何も考えず、**身体のパーツごとに、ゆるめてみましょう！**

最初は、「顔の力を抜く」。それが難しい人は、思いっきり、ぎゅーっと顔を小さく中心に向かって力を入れて、その後にゆるめてみてください。

顔の力が抜けたら「首」「肩」「腕」……と順番にゆるめてみましょう。

身体がリラックスしてくれば、心も自然とゆるんできます。

そして大好きな漫画を読んでもいいし、ＤＶＤを見ても、動物と触れ合ってもいい。

固いものはポキッと折れやすいけど、柔らかいものはしなって折れません。

次に、**感情をゆるめる**方法です。

突然不安になって、ネガティブな感情が湧いて来るときってありませんか？

脳の「思考」という領域は、判断する／予測する／必要なことを思い出すの他に、ネガティブな「妄想」も引き起こすことがあります。

そんな妄想に囚われたときは、「感覚」に意識を向けてみましょう。

たとえば、歩いているときの片足ごとの感覚や、呼吸する鼻先や胸の感覚、座っているときのお尻の感覚などです。

これは、近年世界中で注目されている「マインドフルネス」という瞑想法のやりかたで、「自分の評価や判断をせず、今この瞬間を大切にする生きかた」をつくり出し、医学的にもストレスを軽減する効果が認められています。

感覚に意識を集中して、何か思い浮かんでも「ああ、自分は今こんなことを考えているんだな」と認識だけして手放し、また体の動きやひとつひとつの感覚に意識を向けます。

そうするうちに妄想も消えていきます。

何度かやっていくと何の根拠もないネガティブな妄想は、いずれ消えてなくなっていくことがわかります。

今の自分の心の状態を「これは妄想」、「これは感覚」、「これは感情」と分けて考えられれば、気持ちの切り替えも早くなり、「どうしたらいいのか？」と必要な判断だけを客観的に考えることができるようになります。これも「心の筋トレ」ですね。

ネガティブ妄想は、「感覚」に意識を向けて手放してしまいましょう。

もうひとつ、お勧めしたいことがあります。

たまには、「ぼーっと」してみませんか？

「ぼーっとする」って、なんかネガティブなイメージがありますよね。何も考えていない、みんなが大変なのに自分だけ参加していない、みたいな。

でも、知っていますか？ **「ぼーっとしているときの脳」は、「意識的に活動しているときの脳」の十五倍ものエネルギーを使っている**そうなのです。つまりエネルギー消費という点においては、ぼーっとしているときの脳のほうが断然多いのです。

何も考えずぼーっとしているときに、ふと閃いた経験はありませんか？　ぼーっとしているときのほうが、アイデアが湧きやすくなるのだそうです。

また、ぼーっとしているときの脳内では、過去を反省したり、未来への準備をしたりしながら、自身の現状を改善するネットワークが働いているそうです。

脳を健やかに機能させていくためには、ぼーっとする時間が大切なんですね。

毎日の忙しさは横に置いておいて、大好きな神社や公園、湯船の中などでぼーっとしてみると、とっておきの閃きが出るかもしれませんよ！

アイデア14

「やらされている感」から卒業しよう

仕事などで「やらされている感」を感じることはありますか？
嫌だなぁ、面倒だなぁと思いながらやる、やらないと怒られそうだからやる、そんなときに感じる憂鬱な感覚の一つです。

この「やらされている感」はくせ者で、これがあると他人のせい、組織のせい、環境のせいにしてしまいます。

実は**「やらされている感」**は**「誰かのせい」とセット**です。

「誰々がこう言ったから」
「先に言ってくれたら、もっとうまくできたのに」
「だって会社が悪いんだもん」

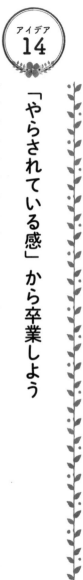

気付かずにこのくせ者とつきあっていると、本当はそこで受け取れるはずの経験や新しい発見もできなくなってしまいます。

どうしてもやる必要のあることは、やるしかないのですから、**自分主体で動くことで「やらされている感」から卒業してしまいましょう！**

この「やらされている感」から卒業するためのフレーズをご紹介したいと思います。

◆やらされている感フレーズ：「**この作業やんなきゃ**」

↓

◇卒業フレーズ：「**この作業やろう！**」

誰もが面倒と思って先送りしていた作業。私、一週間でやってしまおう！

ゲーム感覚で。

◆やらされている感フレーズ：「**専業主婦だから、家事を完璧にやらなくちゃ**」

↓

◇卒業フレーズ：「**この家事やろう！**」
　今日は、何のプロになろうかな？

◆やらされている感フレーズ：「**みんなと仲よくしなくちゃ**」
　↓
◇卒業フレーズ：「**人を知るのって楽しいな**」
　共通点は何かな？　この人の得意なことってなんだろう。知りたいな。


どうでしょう。言葉を変えていくことで、まるで好きなことだけして生きている人のように「やらされている感」が減り、「やっている感」が増えていきます。

自ら決めて取り組んでいるので、「行動した」という実感も湧いてきます。

自分が主体になり、自分の意思で決めたことだと、たとえうまくいかなかったとしても、その経験を次に生かせます。

「そうは言っても、そういう気持ちにならないんです」と思ったあなた。

どうして私が……と思ってしまったら、**客観的にメリット・デメリットを書き出してみましょう。**

今、それをやることで、生じる自分や周りのメリット。

今、それをやらないことで、生じる自分や周りのデメリット。

それをやることで、いずれ生じる未来の自分や周りのメリット。

それをやらないことで、いずれ生じる未来の自分や周りのデメリット。

たとえば、仕事ができない先輩にはあまり仕事が割り振られず、いつも私にばかり複雑な仕事が降ってくるという状況のとき。

◇やる場合のメリット

（自分）実績が増える。自分ならできると思われているから、仕事を任され成長できる。

（周囲）先輩は得意な仕事を進められる。上司は安心して期日を迎えられる。

（未来）複雑な仕事をこなすスキルが上がり、次回はもっと早くなる。

さすが○○さんだと評価が上がる。

◆やる場合のデメリット
（自分）難しい仕事はとりあえず自分に回され、他の同僚がスキルアップしない。
残業とストレスが増える。ガツガツしすぎと言われるかも？
（周囲）特になし。
（未来）ストレスがたまり辞めたくなるかも？

◇やらない場合のメリット
（自分）難しい仕事で残業やストレスが生じない。
（周囲）特になし。
（未来）不明。

◆やらない場合のデメリット
（自分）断ったことで面倒くさい人だと思われる。
（周囲）複雑なので時間がかかり、全体の流れが滞って職場の雰囲気が悪くなる。
（未来）自分のスキルが上がらない。難しい仕事が段々と振られなくなる。

どうでしょうか？　こうして書き出すと、客観的に判断できそうですよね。

メリットを明確にして、そのうえで自分で決めて取り組めば、「やらされている感」からの卒業はもうすぐそこです。

「どうして私が」と思ってしまったら、思い出してみてくださいね。


それでも嫌いなことをやらなくてはならないときは、どうしたらいいでしょう。

本心ではやりたくなくても、「相手に迷惑がかかるから」「仕事だから」と仕方なくやることも多々ありますよね。

断ることができればそれに越したことはありませんが、そうもいかないからストレスが溜まってしまいます。


本心では気が進まないことがはっきりしているのに、やらなくてはならないとき。

好きでない人や苦手な人とご一緒しなくてはならないとき。

そんなときは、その**嫌いな行動や苦手な人の中でどの部分なら好きなのかを、ほんのちょっとしたことでいいので探してみてください。**

嫌いなことをどうしてもしなくてはならないときには、それを一〇〇%嫌いなままにしておかないということです。

全面的に好きなこと・好きな人にならなくても、好きな部分を必ず見つけてから対処するようにしましょう。

断れるならそれが一番いいけれど、それが無理なら、好きな部分のために行動した、一緒にいた、そうすれば「あなたの本音を大事にした」ことになります。

さらに、**「嫌なことをやめる勇気」を持つ**ことも大切です。やりたくて始めた習いごと、将来の役に立ちそうと大枚をはたいた学習講座など、途中で「なんか違う」「すごく気持ちがざわざわしてコミュニティーが不快」「行くたびに嫌な気分になる」そんなふうに感じて、やめてしまいたくなることってありませんか?

他人のことなら「そんなところ、行かなくていいんじゃない?」と言えても、自分が決めたことを間違いと認めたくなくて、「こんなふうに感じる自分がおかしいのかも」「きっと何か学ぶことがあるはず」と、無理して苦しいのに、さらに「苦行」を続ける人がたくさんいます。

たしかに人生に無駄なことはないと思いますし、どんな経験にも何かしらの気付きはあると思います。

でも、考えてみてください。我慢して嫌な気分になって、落ち込んでやる気がなくなり、身近な人にやさしくなれなくて、自分のごきげん度も下がって……と何もよいことがないですよね。

「今まで頑張ってきたことが無駄になる気がしてもったいなくて、やめられない。お金もエネルギーもかなり使ったし……」

わかります。でも、本当にもったいないのは、嫌な気分により、やりたいことが実現できず、これからの大切な未来への時間を浪費していることなのです。

だから、**「やめる勇気」を持ってみてください**。

やめたって、必要ならまた復活することもできます。ほとんどの場合、そんなことはなくて、なんでもっと早く決心しなかったんだろう！　って思うはず。

必要なのは、**これからなりたい未来のヴィジョンと少しの勇気**だけです！

そして、**未来への大切な時間を浪費してはいけない！**　と決意して行動することです。

アイデア
15

「自信がない」から「根拠のない自信」へ

個人セッションをしていると、

「起業したいけれど、自信がないんです」

「婚活をしているけれど、自信がないんです」

「今の仕事をやめたいのですが、その後に自信がないんです」

とよくお聞きします。


自信ってどうやって付けるのでしょうか。

よく言われる、小さい成功体験の積み重ねも大事です。自己肯定感が上がります。

赤ちゃんのときは誰もが「自信がないから、ハイハイできません。歩けません」なんて思っていなかったはずです。

育っていく過程でちょっとダメ出しをされたり、数回失敗したことで、周りの人から言われたマイナスの言葉を無意識に受け入れてしまい、「自分はこういうダメな人間なんだ」と自信がなくなっていきます。

「自信」は目に見えません。だから気付かないうちに減っていきます。

でも見えないからこそ、**自信は自分で増やすこともできる**のです。

特に根拠がなくても、

「この仕事、うまくいくかもしれない」

「この人とのビジネスは、うまくいくかもしれない」

「晴れ女だから、次の旅はきっと晴れるだろう」

そんなふうにポジティブに思ってみてもいいのではないでしょうか?

このように**「かもしれない」の積み重ね**で小さな自信は形成され、さらにその実績によって強化されていきます。
だから、過去にうまくいかなかったことがあったとしても、「今回は、うまくいくかもしれない」に書き換えてしまいましょう！

根拠のない自信、いいじゃないですか。たくさん持ちましょう。持ってるうちに自信は増えていきます。

自信は、「今回は、うまくいく」という思いの積み重ねで付くものなんです。

すると、「え？　じゃあ、根拠がなくてもいいなら、完璧を目指してはいけないの？」とかえって疑問を持った方もいらっしゃるかもしれませんね。

巷では「完璧主義の治しかた」「完璧主義をやめたほうがいい」など、「完璧主義」はよくないもの、苦しいもの、と言われることも多いように思います。

完璧は目指したほうがいいもの？　目指さないほうがいいもの？　どちらなのでしょうか。

たとえば、世界的なアーティストに見られるように、完璧主義だからこそ優れた作品を生み出すことができます。

仕事も当初から八〇点でいいやと思っていたら、それ以上の高得点は取れません。一〇〇点、場合によっては一二〇点を目指すからこそ、一〇〇点に近いでき上がりになるのだと思います。

それでは、なぜこんなに「完璧主義」はよくないイメージなのでしょうか？　多くの完璧主義者は、

・子どもの頃に九九点はダメで一〇〇点だとほめられた
・途中で止めることは許されず、最後までやり遂げることを求められてきた
・一〇〇点を取ったときの充実感が強烈で、自分の存在意義を感じられた

こんな経験をしてきた方が多く、親や教師にほめられたり、認められたりすることが生きていくうえでの最重要な価値だったのではないでしょうか。

本来、大人になれば、全てのことを完璧にする必要はなくて、選択すればいいだけとわかってくるものです。しかし、そこの訓練ができていなくて、

「家事もちゃんとやらなくちゃ」
「育児もちゃんとやらなくちゃ」

「仕事も」
「趣味も」
「もっとできるはず」
「○○すべき」
「○○しなければ」……

と、自分が苦しくなる方も多いので、「完璧主義は直そう」となってしまうのではないでしょうか。

完璧を目指すことが悪いわけではありません。あらゆることで完璧を目指すのではなく、**「完璧を目指すものとそうでないものとを分けてみる」**ことが大切です。

そして目指したものが、相手にとって一〇〇点になるかどうかは相手の問題なので、今自分が精一杯やれたかどうかに焦点を当ててみることです。

「完璧な結果でないかもしれないから」と、やろうとしたことを諦めるのではなく、それでも**完璧を目指して行動したときには、自分に花丸をあげましょう。**そんなふうにやってみたら、「完璧主義」は悪いものではないと思います！

アイデア 16

「やる気のスイッチ」は、たくさんあったほうがうまくいく！

あなたが、やる気モリモリ、思わず身体が動く瞬間ってどんなときでしょうか？
どんな状況で、人からどんな言葉を言われたときでしょうか？

人から頼りにされたら途端にやる気の出る人。
「これは私にしかできない」という使命感でやる気の出る人。
問題が困難であるほど燃える人。

自然の中でゆっくり呼吸したとき。
前向きな仲間と楽しい話をしたとき。
美味しい料理を食べたとき。

好きな香りを嗅いだとき。

動物と触れ合ったとき。

誰かが頑張って何かを達成した瞬間を目の当たりにしたとき。

などなど、「やる気のスイッチ」は人それぞれ。そして「お一人様一つまで」ではなくて、たくさん持っているほうがよいと思います。私の場合は、自然の中の五感解放やニャンズ（猫たち）との触れ合い、すてきな仲間との会話、そして頑張ったことが実を結んだときに「やる気のスイッチ」が入ります。

私は、一つの案件に集中して「やる気のスイッチ」が入ってうまくいったら、達成感でいっぱいになって、その勢いで次もいけるはず！　と確信できます。そして、うまくいくヴィジョンしか見えなくなっていくのです。

あなたの「やる気のスイッチ」はどこにありますか？　探しに行ってみましょう。

簡単にできる「やる気のスイッチ」として、たとえば**「好きな服だけを着る」**ということもできると思います。

毎日の服を選ぶときに、今日の予定や周りのことを一切考慮せずに、自分のやる気が出るかどうか、という直感だけで選ぶのです。

想像してみるだけで、ワクワクしてきませんか？


そんなことが思い浮かぶのは、私のかつての選択の後悔からなのですが……。

オフィス勤めが長かった私は、服を買うときに無意識に「職場に着ていけるか」を判断基準にしていました。職場には無理だけどお出かけ用に着たいと思っても、そうそうお出かけ用は出番がありません。

仕事に着ていける範囲内で、なんとなく好きな服を買っていました。それでも服好きの私は、だいぶ公務員の世界では浮いていたし、採用当時には教育係の上司によく注意されていました。自分としてはかなり地味なものを選んだつもりなのに……。

その後はどうにかコツを掴んで、「ここまでなら許される……かな？」と、それなりにセレクトしていましたが、他の職員の方に比べれば目立っていたようで、よく一般のお客様に「職員の人をお願いします」と言われていたのも懐かしい思い出です。

思い返してみれば（最初の頃は時代背景もありましたが）、よほどおかしな服でなければきっと大丈夫だったと思います。実は、制限をかけていたのは私自身でした。周りと同じような服を着ていればとりあえず安心できますし、人に笑われることも、そうそう起こりえないでしょう。

でも、誰かに気に入られようとして服を選んでも、着ている自分が楽しくなければ何の意味もないのです。好きな服を着て、自分らしく、「やる気のスイッチ」をオンにしましょう！

もうひとつ、**「童心」に帰る**こともお勧めです。

「童心」とは、文字通り「子どもの心」という意味です。あなたは、たまには童心に帰っていますか？

私たちも、子どもの頃は、新しいことや小さいことにワクワクしたり感動したり、全身全霊で何かに夢中になったりしていたはずです。ですが、大人になって、色々なことを経験して分別がつくことで、ワクワクするどころか、やらなければいけないことに追われてしまっています。

だからこそ、子どものときにワクワクしたこと、やりたかったことを、「今さら……」とか、「子どもみたい……」を横に置いて、やってみませんか?

童心は意識して帰ろうとしないと、向こうからはやってきてはくれません。

私の場合は、子ども時代にはなかったバブルバス!

娘たちが子どもの頃にやっているのを見て、「いいなぁ~!」「私も子ども時代にやりたかったな~!」と思っていました。

やってみたら、すごく楽しかった!

すてきな香りにあわあわ!

大英博物館から連れてきたアヒル・ファラオも心なしか嬉しそう⁉

また、やりまーす! このワクワク感がたまりません!

アイデア17

心に余裕がないときは

心に余裕がないときにこそ、やってみてほしいことがあります。

「あなたが未来で成功している姿」を思い浮かべてほしいのです。

具体的には、今現在やっていることの中で、将来成功したときにも、きっとやり続けているであろうことは何でしょうか？　それを書き出してみてください。

私の場合は、

・応援したい人への個人セッション
・応援したい人への連続講座
・社員一人ひとりが幸せになる企業でのコミュニケーション研修
・大好きな人とご一緒するランチ会

・大好きな人とご一緒する読書会の変形版・本を愉しむ朝
・大好きなカフェでの読書
・海外旅行
・寺社巡り
・お花畑やさまざまな季節の花を見に行くこと
・大好きな人と美味しいものを食べながらおしゃべり
・自分メンテナンスのために受けるコンサルティング
・自分メンテナンスのためのマッサージやエステ
・自分のための学び
・新しい人との交流
・誕生日は大事な人に感謝する日なので、自分の誕生日会を主催
・お正月の家族の集まりを主催

書き出してみたら、こんなにもたくさん**「なりたい私（将来の成功者の私）がやっていること」**をすでにやっていました。あとは、この時間や機会を増やしていくだけです。

まだ実行・実現できていないことは、その機会をつくって増やしていきましょう。
反対に、そうでない、望まないことは少しずつ減らしていくのです。
やることがいっぱいで混乱したり、他の人がやっていることを見て焦ってしまうとき、成功者になってもやり続けてることを書き出してみましょう。そうすることで、自分の未来の成功の姿がはっきりと見えてくるのです。

行き詰まったり、忙しかったり、何かもやもやしたり、訳のわからないものに支配されそうになったら、まずは三分間だけでもいいので、**自分をごきげんにしてみる**のもお勧めです。

ちょっとしたことでいいんです。
・出かける気にはなれないけれど、お気に入りの香水を嗅ぐ
・大好きな紅茶を愛用のカップでゆっくり飲む
・買ったばかりの新しい服を着てバッグを持ち、鏡に映してファッションショー

・外国のすてきな写真集を見てうっとり
・旅の写真を見て、「また行きたいな〜」と思いを馳せる
・旬のお花が咲いているところはどこかと検索し、週末行く予定を立てる

など、三分でできることは結構あります。

三分間、自分をごきげんにできたなら、そういう時間を増やしていったら、いつもごきげんになりますよね！

この習慣が身につけば、ちょっとモヤモヤしても、すぐに取り払うことができるようになりますよ。


別の角度からの提案として、**「過去の出来事への罪悪感や後悔」を手放してみる**というのも効果的です。

間違ったこともあったかもしれません。もっとできたことがあったかもしれません。あしていれば、こうしていれば……と、特に家族に関することなどは、余計に罪悪感や後悔が消えないものです。

私も、何度も思い出しては自分を苦しめ、後悔し、責めてきました。

昔の私は自分を責めるのが特技でしたから、今でもその頃を思い出すたびに苦しくなるくらいです。

過去は過去。もうそろそろ、かつての自分を許してあげませんか？

その罪悪感や後悔を手放しませんか？

忘れることはできないけれど、これからもっともっと自分と大事な人が幸せになれるほうに知恵を絞ったほうが建設的です！

ことあるごとに少しずつ、過去の自分を手放しましょう。

アイデア 18

「セルフイメージ」の上手な使いかた

成功している人は、「セルフイメージ」が高いと言われています。
日常的に、
・今の自分には素晴らしいところがある！
・大丈夫！
・幸せだ！
・運がいい！
……と、いつも思えるということですね。そうすると、よいことの循環が生まれ、成功が加速していくということです。

今うまくいっていない、ツイてないと感じている人でも、「自分は運がいい」と思い込むことで、本当によい運をキャッチできる体質になれることもありますし、その方法を実際に使って成功している人たちもいます。

でも、セルフイメージを高めるのが上手く、なりたい自分をしっかり想像しているのに、なかなか実現できない、と言う人がいます。そういう人は、実は意外なところを見落としているのです。

それは**「準備」**です。

たとえば、「本番に強い」というセルフイメージを持っているとします。では、何か資格試験を受けようというときに、まったく何もせずに「本番に強い」というセルフイメージだけで、本当に受かるでしょうか？

そんなわけないですよね。勉強したことを最大限本番に出せてこそなのに、そもそも勉強していなければ、どうなるかわかりません。

他にも、たとえば「夏休みのかた旅行」を強く思い浮かべたところで、パスポートもなくて、チケットも取っていなければ、実際には行けませんよね。

大事なことを無視してセルフイメージだけで何とかなるだろうと思うのは、無理があります。するべき準備もきちんとしていることで、成功がやってくるということです。

「でも、準備ができたって、どうすればわかるの？」と思いませんか？　実は、私もずっとそう思っていました。

万全を期したいけれど、足りないもの、できないことにばかり気が向き、つい「まだ準備できていない」「もっと完璧にしてからじゃなきゃ次のステップへ進めない」と足踏みをしていませんか？

実は「この準備ができた」には、「完璧な」は付かないのです。そもそも完璧な準備って何でしょうか。「準備ができたか」なんて、本当は、あなたにも、誰にもわからないのです。誰かに聞いてもわかりません。

未来がどうなるかわからないから面白いし、そこに努力する甲斐があるのです。

私の場合は、準備ができた！　と思えるのは、不安や心配よりワクワク、希望、やりたい気持ちが勝《まさ》ったときです。そうしたらとりあえずやってみることにしています。

あなたも、**やりたいことがあったら、まずちょこっとやってみましょう。**

お試しとしてやってみて、ものすごい手応えと高揚感を持てたら、「この方向で間違いない！」という準備ができた証拠です。

すると、身の回りの出来事がどんどん追い風になって、必要な情報も入ってきます。

そして、さらに「準備ができた」体質になってくるのです。

ごきげんな気分で毎日を過ごし、やりたいことをちょこっとでもやってみる。

完璧な準備ができるのを待っていたら、前髪しかないチャンスの神様は掴めません。

完璧な準備は待たないでいい！ ということです。それよりも、**どんどん動きましょう。**

アイデア
19

変化はどこから起こす？

「なんかマンネリだなぁ。最近つまんないなぁ。私、このままでいいのかなぁ……変わりたい」なんて思っていませんか？

でも、大きな変化を起こすのは怖いし、自分には何もできない。

時間もお金も余裕はなくて、エネルギーだってない。

周りのみんながまぶしく見えても、私には無理。

だから、いつものように起きて、通勤して、仕事して、友だちの愚痴を聞いて、帰宅して、お風呂に入って、寝る。そしてまた次の朝が来る。

こんな日々をずっと続けたいと心から思えるのなら、それもいいと思います。

でも、**何かを変えたいなら、小さくても行動をまず一つ起こしてみなくちゃ！**

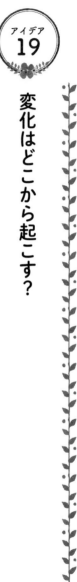

小さな行動でも、小さな変化が未来に向けて動き出します。

ものすごいことでなくても、未来に繋がる何かであれば、何でもいいんです。

・タイトルにピンときた本を読んでみる
・いつもは行かない集まりに顔を出してみる
・ちょっと贅沢なお茶をしにすてきなお店へ行ってみる

まずは小さな行動が一つできたら、**行動した自分を目一杯ほめてあげましょう**。そうすると次に進めるようになります。そしてその積み重ねで、人生は変わってゆくのです。

「いつものように」から出て、小さくとも新たな一歩を踏み出しましょう。


少しずつでも動いているうちに、なぜか違和感がある。モヤモヤする。

そんなことが続いたら、**その違和感は自分自身の成長のチャンスかも**しれません。

違和感があるということは、自分の大切にしている価値観や以前から当たり前に思っている考えかたと、今の自分に不協和音が生じているのです。

特に、新しいことを始めたときや、新たなステージへ移行したときにそう感じることが多いのではないでしょうか。

なぜなら、脳は居心地のいい状態「コンフォートゾーン（安心領域・快適領域）」の中から出たくはないからです。


その感覚を流してしまわないで、じっくり自分の心の声を聞いてみてください。

どこに違和感を感じるのでしょうか。

どの部分にモヤモヤするのでしょうか。

そうやって見つけた新しい価値観を、これからも持っていたいのなら、しっかり持ち続けましょう。そして、古い価値観のほうがこれからの自分に必要ないと思えるなら、これを機に手放してみませんか？

違和感を感じたら、見過ごさないで、チャンスとして心の声を聞くようにしましょう。

アイデア 20

自分の人生を自分で選び取ろう

「変化のために動くこと」も大切ですが、同時に大切なことがあります。

それは、「日常を選び取ること」です。

「自分の日常を自分で選び取ることで、自分の人生を選べる」のです。

あなたは、毎日、自分の人生を選んでいますか？

シェイクスピア曰く、「生きるということは、選択の連続である」。

でも、毎日は忙しくて、選択することが多すぎて、特にルーティンでやっていることは、つい「いつもどおり」を選んでしまいがちです。

毎日の通勤ルートはいつもの通りに、スーパーでの買い物では野菜や牛乳は賞味期限より安さを優先して買う。「なんとなく」「いつもどおり」ってたくさんありますよね。

「変化する」って、突然大きなことをするよりも、日常的な小さなところから変えていくことの積み重ねだと思います。

これまで何も考えなかった日常の、ほんの一部を、自分で選んでみましょう。

世の中が目まぐるしく発展していく中で、現状維持は後退することと同義です。

小さい一歩から、とにかく始めてみましょう！

すると「何から変えてみればいいのかがわからない」という声も聞こえてきそうですが、やりかたとして、**当たり前の習慣を「見える化」してみる**のはどうでしょう。

これは、毎日無意識にどんなことをしているか？ を記録して、考えてみるということです。

かつての私は、平日も休みの日も関係なく、朝起きたら「とりあえず」テレビを時計がわりにつけていました。仕事から帰宅してからも、特に見るものがなくても「なんとなく」テレビがついている状態。夜遅くにブログを書いていると、晩御飯を食べたはずなのに、「なぜか」アイスやチョコを食べている……。

あれ～？ よく考えたら、休みの日の朝や帰宅後のテレビは、必要ないですよね？

見たいドラマは録画しているし。それに、夜遅くのスイーツも必要ないですよね？

こうしたいつもの無意識の行動習慣が、私をつくってきたのですね。

今では、意味のないテレビをつけることは、意識してやめています。休みの日などは、自分の好きな音をBGMにしたいですからね。ハワイアンソングとかいいですよ。

また、ブログを書きながらのスイーツのかわりに、牛乳を飲むことにしました。ちょっと一息入れたいだけだったのでスイーツは不要です。


こんな感じで、いつもの「当たり前の習慣を見える化」してみませんか？

見える化することで、時間の使いかたを含め、無意識の習慣が見えてきます。本当は必要ないのにやり続けていることが見つかり、悪しき習慣を改めたり、よい習慣に変えることができます。**よい習慣に変えていくことで、なりたい未来にどんどん近づいていくのです！**

第4章
「みんな」を
味方にしちゃおう！

アイデア
21

「よい気分」が共鳴すると、いいことが起きる！

私の主催するランチ会で、先日こんなことが起きました。参加者のみなさんといつになく盛り上がりながら帰る途中、友人と三年ぶりにばったり会ったのです。ちょうど、久しぶりにその友人を思い出していたところでした。

このように、私の場合、とても「よい気分」が高まり、人と共鳴して、会える確率がとても低い人と偶然会うことがよくあります。

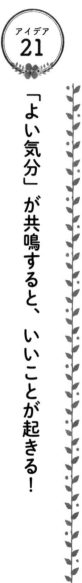

昨年、戸隠《とがくし》神社へ行ったとき、長野に住む友人とすごくよい時間を過ごし、よい気分でいるときに、東京在住の職場の人にばったり会ったのです。

しかも、戸隠にはたくさんの有名なお蕎麦屋さんがある中、たまたま駐車場に車を停めさせていただいたご縁で立ち寄った小さなお蕎麦屋さん。ガイドブックにも載っていないような小さなお店です。そして私たちとその人以外にお客はいませんでした。実はこのときは、「好きな仕事に就きます！」という宣言旅でした。

こんなこともありました。初めて個人セッションをしたとき、とても充実してクライアントさんも喜んでくれて、その笑顔を見て、私自身も幸せになり、やっぱりこの道で生きていくことに間違いはない！　と確信したとき。場所は渋谷でした。

「しばらく会ってないな、連絡しようかな～」と思っていた友人に偶然会ったのです！

これはみんな、**よい気分が、誰かのよい気分と共鳴した結果**です。

もちろん、こういう現象は、私だけではありません。共に読書会を主催している友人と打ち合わせをして、よい時間を共有できたある日。渋谷での話もしたのですが、その友人も帰りの電車で一年半ぶりの友人に会ったそうです！　すごい！　よい気分は共鳴して不思議な偶然の一致をもたらすのです。

アイデア
22

「ごきげん」をシェアすると、周りもごきげんになる

あなたにとって「ごきげん」って何でしょう？

気分がいい・幸せを感じる・素晴らしい・前向きで何でもできそうな気持ちになれる……。

ビッグなごきげんもいいけれど、ちょっと嬉しかったとき、ちょっとほっこりしたとき。よく見たら、実はたくさんあります。

・日々忙しくしていると見過ごしてしまう空の色、雲の流れ

・今日は暑いけれど、スカッとした綺麗な空だった

・溺愛しているニャンズ（猫たち）が私の顔の一〇センチの距離で眠っていて、「愛されているなぁ」と思った

・仲のよさそうな老夫婦を見て、すてきだなぁ、と思った

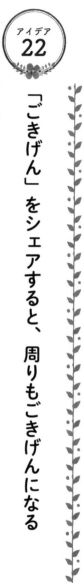

・「今日も服が似合っているね」と言われた
・見よう見真似でつくってみたご飯が、予想以上においしかった
・一日しか咲かないハイビスカスの花が、いくつも開いているのを見た
・いま読んでいる本に共感できる部分が多く、嬉しくなった
・ふとテレビをつけたら、行きたい場所の特集をやっていてワクワクした

こんなふうに、**ごきげんなことって意外とたくさんあるもの**です。そして、そのごきげんは私の栄養となり、新しいアイデアが浮かんだり、やる気がモリモリ湧いてきたりと私の原動力になります。

あなたのごきげんを探したら、折角なのでシェアしてみませんか？　ＳＮＳで気軽にシェアすることで、「私もそれが好きだった」「そんなところにごきげんがあるんだ、私も探してみよう」と思ってもらえるかもしれません。

難しく表現しようとしなくていいし、シンプルに気持ちをシェア。一円もかからないけれど、**シェアすることであなたの周りの人もごきげん**になりますよ。

私がインスタグラムを始めたときは、とりあえず「写真を撮る！」、そして毎日アップすることにしていましたが、それでは、「写真を撮る＝義務」となり、楽しくないときもありました。

その後試行錯誤して、今では、
・かわいい
・きれい
・ワクワク
・ルンルン
・ほっこり
・美しい
・楽しいなぁ
・すてきだなぁ
そんな「かわいい！　きれい！　ワクワク！」などという場面に出会うたびに、丁寧に写真を撮ることにしています。

角度を変えたり近づいたり離れたり、丁寧に撮ることで、その感情を味わうことができます。そこでさらに、ごきげんアップなんです。

そして、SNSに投稿するときは、インスタグラムに限らず、楽しいことをおすそわけするつもりでいつも投稿しています。それも、いつも自分が撮った写真を載せています(たまに娘の撮った猫の写真もありますが)。この写真で誰かがほっこりしたり、かわいいと思ってくれたらいいな~と思っています。

アイデア 23

相手をほめることは、自分をほめること

人にほめられると嬉しいですよね。素直にほめてくれた言葉は、「そんなふうに思ってくれていたんだ！」「そんなふうに好意的に見てくれていたんだ！」と相手との関係性もよくなります。

誰かのステキなところを見つけ出し、口に出してほめるって、それ自体とってもステキなこと。ちゃんとほめるには観察力が必要だし、それを言語化して伝えるという少しの勇気も必要です。

だから、ほめるって結構トレーニングが必要だと思うんです。慣れないとすぐに口に出せず言いそびれたり、口に出すのが妙に恥ずかしかったり。

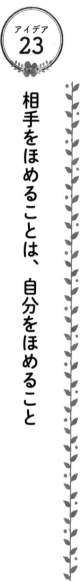

どうにか口に出せてもぎこちなくて、相手にとってお世辞に聞こえてしまうことも。せっかくのチャンスなのに、もったいないですよね。

人をほめることは、自分にとってもとても気持ちがいいことです。

相手も喜んでくれた！　それを見てまた、嬉しくなる、というサイクルがあります。

実は、脳は主語を理解することができず誰に向けて話しているかわからないので、相手をほめても、同時に自分をほめていることにもなるのです。

つまり、ほめたことで自分の脳も活性化しますし、脳は、ほめられた相手が喜んでいることを自分の成果として捉えるので、自分がほめられたときと同じような快の状態になる、神経伝達物質ドーパミンが出やすくなります。

人をほめることで、自分自身をほめることと同じになるなんて、素晴らしい！　まさにＷｉｎ－Ｗｉｎ。こんないいことは、やるしかないです。気付いたらすぐにほめましょう！

そして、**ほめられたら、全部受け取って！**　とお伝えしたいと思います。

私自身は、子どものときから、人にほめられると素直に受け取って自分の栄養にしてきた気がします。だって、せっかくよいところをほめてくれたのに、疑ったり謙遜《けんそん》しすぎたりするなんてもったいない！　と思いませんか？

これからは、ほめられたら、疑うことなく謙遜することなく、「ありがとう。嬉しい！」って笑顔で返しましょう。


ごきげんな関係を築くうえで、**「相手が喜ぶことを先にやる」**ということも大切です。

誰かに何かしてもらったとき、自分もお返ししたいと思いますよね。

誰かにサプライズでプレゼントをもらったとき、次回は私が！　と思いませんか？

こういった「人から何かをもらったり、してもらったら、お返ししたくなる」という気持ちを、心理学では「返報性《へんぽうせい》の原理（法則）」と言います。身近なところでは、試食や無料お試しサービス、営業の方からの手土産などが当てはまります。


してもらったらお返しをしたいと思う行為は、そのほかにも、
・よいところをほめる
・思いやる
・感謝する

・フォローする
・理解する
・関心を持つ
・存在価値を認める
・笑顔で接する……

このように、いろいろあります。

これらを、自分から先にどんどんやる人は多くの人から愛され、大切にされ、理解され、助けられ、感謝されて、周りに人がたくさん集まります。

これからは、先に自分から相手が喜ぶことをやってみましょう。

ギブアンドテイクでもなく、「相手にしてもらうことを期待するのではなく、喜ぶことを先にやろう」に徹していると、なかなか気分がよく、あとからお返しが押し寄せてきます。

まずは、自分から与えてみましょう。

「でも、ほめるのはあまり得意ではなくて……」という人は、まずは「お疲れ様」などの言葉をかけるところから始めてみるのはどうでしょうか?

組織にいると、「お疲れ様」と言う機会はけっこうありますよね。私も毎日何度も言ってました。普段言わない人でも、意識して習慣にしていけば、無意識に口から出るようになってくるものです。

作家の佐藤伝さんによれば、**「お疲れ様・お互い様・おかげ様」の三つの「様」は、「人の心を育てる言葉」**なのだそうです。口にすればするほど、相手の心が和み、自分自身の心も大きく広くなっていきます。

「お疲れ様」「お互い様」「おかげ様」を使えるチャンスが来たら、「よし!」と思ってじゃんじゃん使いましょう。

第2章で書いたように、言葉は言霊《ことだま》です。これらの言葉を口に出すと、音として耳に入り、脳は誰に向けて話しているかに関係なく受け取りますから、自分自身にも響くのです。だから、思っているだけでなく、口に出しましょう。

あなた自身にも「お疲れ様です」。

ちょっとしたことで謝られたら「お互い様ですから」。

「最近どう？」と聞かれたら、「おかげ様で、とても楽しく生きてます」って答えましょう。ゲーム感覚で何度も言ってみましょう。言われた相手も嬉しくなりますし、自分を育てることにもなりますよ。

アイデア 24

「楽しい予感」をされる人になろう

「あの人がいるから、きっと盛り上がるだろう」

「あの人と一緒にいると、何か楽しいことが起きるかも」

「あの人と話したらなんだか元気が出るかも」

そんな人が、あなたの周りにもいませんか？

人から楽しい予感をされるということは、その人が過去にそんな実績がある、もしくはそういった雰囲気を醸し出しているということですよね。すでにそんなふうに言われている人は、楽しいオーラが出ているのだと思います。

でも自分はそんなこと思われてないだろうな〜、そんなこと言われたことないな〜という人も大丈夫！ ちょっとだけ工夫して、そんなふうに予感をしてもらえるようになりま

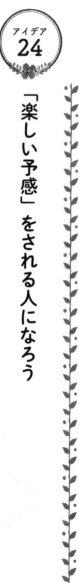

しょう。

どうやって？　簡単です。

笑顔で、相手を親友だと思って話を聞くだけです。

そして「小さいごきげん」を一緒に見つけるだけ！

ね、簡単でしょ？

ただし、そのときに気を付けたいことがあります。

「アドバイス」という名の「私の話を聞いて〜」になっていないか？　ということです。

明らかにアドバイスを求められているときは別として、「○○について、聞いてほしい」って言われることはありませんか？　そんなとき、人の役に立ちたい人、サービス精神が旺盛な人ほど、親切心から、頼まれてもいないのについ「アドバイス」をしてしまいがちです。

その「アドバイス」は、無意識のうちに自分の有能性を示したい、相手の話を聞くよりも自分の話がしたい、という気持ちが助言という形で現れがちです。

相手が話を聞いてほしかっただけの場合、相手は敏感にそれを感じ取り、煩わしく感じます。特に、ネガティブモードに入っているときは、ありがたいどころか余計なお世話とさえ感じてしまい、アドバイスしたほうもせっかく誠意を持って聞いていたのになぁ……と思って、関係もこじれてしまいかねません。

では、悩みを聞くときは、どうしたらよいのでしょうか？

ただ、**相手に寄り添って、話を聞くだけ**でいいんです。

聞いてもらうだけでスッキリすることってありますよね？　問題はこの時点では解決していませんが、それでいいのです。

聞いてもらいたいことが話せて、少し気持ちが楽になる。「聞いてほしい」だけだから。気持ちが楽になる相手とはいつも一緒にいたくなりますよね。

気持ちに寄り添って聞くうえで大切なのは、無理に解決の方向に持っていかないことです。そして、結論を急がせないこと。寄り添って聞いてるうちに、話題が飛ぶこともありますが、そのときも話題を戻さなくて大丈夫です。

もうひとつ、気を付けたいことがあります。

それは、**人を変えようとしていないか？**　ということです。

変えようとする対象は、家庭であれば、夫が、親が、子どもが……。職場であれば、上司が、同僚が、部下が……。

「どうして変わってくれないの？」

「なんで変わらないの？」

「どうしてわかってくれないの？」

そう思うたびに、悲しくなったり怒りに変わったりしていませんか？

こんなに私は努力しているのに。こんなに私は頑張っているのに。

そんなふうに思っている間は、残念ながら思い通りになることはまずありません。なぜなら、自分目線で、自分の価値観で、相手が変わるべきと思っていて、そんなふうに言葉を発したり行動をしたりしているからです。そして、相手の言動に振り回され、相手次第で感情が上下してしまいます。

そんなときは、いったん、その「相手を変えたい」気持ちは横に置きましょう。相手の言動に振り回されることなく、自分のすべきことを淡々と行い、「自分はこうしたい」「自分は、こうありたい」に集中してみましょう。

そうしているうちに事態が好転する場合もありますが、好転しない場合もあります。好転しない場合は、事実と感情は分けて考える。そんなふうにやっていくと、誰かを変えようとしなくても、周りにはステキな人が増えていきます。

また、私の大好きな本に、こんな一節があります。

「ものごとはね、心で見なくてはよく見えない。いちばんたいせつなことは、目に見えない」（『星の王子さま』サン＝テグジュペリ著・河野万里子訳・新潮社）

目に見えるお金やものと、目に見えない信頼・信用。目に見えないことを意識してみると、たくさんの価値があることに気付きます。

お金は、奪われたり盗まれたりするけれど、信頼や信用は自分で手放さない限り奪われません。ものは必ず劣化するけれど、目に見えない応援や感謝の気持ちは劣化しません。

私の大好きなハワイ式風水の考えかたも、「目に見えるエネルギー」と「目に見えないエネルギー」の両方があってバランスを取っています。


目に見えるものは、わかりやすいから大事にできる。

今度は**「目に見えない財産」**にも注目して、大切にしてみませんか？

あなたに向けられている、目に見えないすてきなものたちに気付く余裕も大事です。

そして、応援や感謝の気持ちを、ぜひあなたから誰かへ伝えてほしい。

伝えることで、伝えた相手がごきげんになり、そのよい気分がまた自分に返ってきます。

そうやって循環していけば、「楽しい予感をされる人」になれます。

アイデア
25

「大丈夫！」と言ってあげられる信頼関係をつくろう

信頼する友人から**「大丈夫だよ！」**と言ってもらうと、嬉しくなりますよね。

反対に、友人に対して、むやみやたらと「いいじゃん！　やっちゃいなよ！」とけしかける人っていますよね。

お互いに信頼関係が築けているなら、そんな無責任なことは言わないものです。

でも、その関係性の中で相手を信頼して、自分を理解してくれている人の「大丈夫だよ！」は、何にも増して勇気がもらえて元気になれます。そんな仲間を持てたことに感謝しています。

そして、私自身も、私のサポートが必要な人に、セールストークではなく、一人ひとりを理解したうえで「大丈夫だよ！」と伝えています。誰かに言われた「大丈夫」が私自身の力になっているから、それを誰かに伝えたいのです。

「大丈夫」と言われると同時に、**「人に頼れる私」**にもなっていきたいものです。

周りを見渡してみると「人に頼ること」がなかなかできない「頑張り屋さん」が多くいます。「元一人で頑張る病代表選手」の私は、すごくわかります。

自分にできることを限界まで努力する。人に迷惑をかけない。弱音を吐かない。そんな価値観で育ったのだと思います。そういう人は多いのではないでしょうか？

しかし、大人になって、「人に頼っていいんだよ」「弱音を吐いてもいいんだよ」と、それまでと逆のことをたくさんの場所で耳にするようになると、たしかに甘え上手のほうが、人との関係性がいいように見えます。

さて、どうしましょうか？　人に頼ろうとしても、ほぼやったことがないのでやりかたがわかりませんよね？

まず、ちょっと困ったこと、問題が出てきたときに、チャンスと思って誰かに頼ってみましょう。相談してみましょう。こんなことで頼ってもいいのかな？　と思うぐらいのことなら心理的なハードルも低いので、思い切って言ってみましょう。

少しだけ勇気を出してやってみたら、一人で抱えるよりずっと気が楽です。そして相談した相手とは距離が近くなります。そして、一回やったらまたやれます。こうして自分一人の気持ちの負担を軽くしてみましょう。

頼られる側の人の立場からすると、仲のよい人から頼られるって、実は信頼されている証です。あなたも誰かに頼られて嬉しくなったことがありますよね？　だから思い切って人に頼ってみましょう。相手もきっと嬉しく思ってくれます。そうやってすてきな関係を築いていってくださいね。


さらに、**あなたの「素」を出す**と、より自分らしく生きられるようになります。

「やさしくて、何でも受け止めてくれそう」

「話をいつも聞いてくれるから癒される」

「気が利いて助かる」

周囲からそんなイメージを持たれて、本当はそうじゃないのに、私だって話したいのに、と思いながら、愚痴を聞いては励ましての繰り返し。

気を利かせるためにどれだけ観察しているか、たまに疲れて心の中で毒を吐く。素の自分なんて今さら出せない。そんな自分に疲れる……。こういった相談を受けることがあります。

周りからのイメージを壊さないように、という思いは多かれ少なかれ、誰しもあるのではないでしょうか。ただ、それによって疲れてしまうのは、自分にやさしくないですよね。

理由はいろいろあると思います。演じていたほうが周囲とうまくいくから、小さい頃から親にダメ出しをされて望まれる「いい子」を演じるようになったから、など。


では、どうしたらいいのでしょうか？

いきなり素を出してどんな反応が来るのかが怖いなら、小出しにしてみてはどうでしょうか。少しずつ、本来の自分の割合を多くしていく過程で「なんか変わったね？」って言われたら、「本当はこっちが楽なんだ」と言ってしまうのです。そうやってちょっとずつちょっとずつ、本来の自分を取り戻していきましょう。

絶対に楽になれます。つらいこと、しんどいことは、できるだけ手放しましょう。

大丈夫、一人になんかならないから。

今日から、本当の自分を少しずつ出してみましょう。

アイデア 26

人に勝つことよりも大事なことがある

世の中には、ランキングで評価される世界があります。たとえば、スポーツの世界には、順位や世界ランキングという勝ち負けの序列があります。

人間関係においても、誰かと比較して自分が優位に立とうとしたり、誰かよりも上のポジションであることを見せつけたがる人がいます。いわゆる「マウンティング」ですね。

一瞬誰かに勝てば「すごい」とほめられ、その瞬間は心が満たされたような気がする。でも、その満たされたような気分は長くはもたなくて、それどころか戦えば戦うほど次の対戦相手がすぐやってきての繰り返し。そして、気付けば疲れている。

もうわかっていますよね、**人に勝っても「なりたい私」にはなれないこと**。なぜなら戦いの残骸には、怒り、恨み、嫉み、悲しみ……たくさんのマイナスの感情がくっついているからです。

負の感情たちに振り回されないようにするために、自分のために、**戦わないこと**を決めてみませんか？

でももし、相手が戦いを挑んできたら？

私なら**「勝ちたいんですね！　どうぞ、勝ってください」**と譲ります。

あなたにはあなたにしかできないことがあり、人とは違う素晴らしいものを持っています。そんなすてきなところがあるのに、そのエネルギーをちっぽけな戦いやランキングのために使ってしまってはもったいない！

誰かを笑顔にしたり、誰かの力になったりするほうが、ずっと満たされた自分になれるなら、戦いは無意味だとわかるはずです。

幸せな成功者は、人生勝ち負けじゃなくて、

「人と比較しない」

「比較するなら過去の自分」

「自分の幸せと大切にしたい人のためにエネルギーを使う」

そういう考えかたをします。

みんなステキなエネルギーを持っています。無駄遣いをせずに、自分と大切な人をごきげんにするために、全エネルギーを使いましょう！

よいエネルギーは、よいエネルギーと共鳴して循環して、ほかのよいエネルギーを連れてくるのです。

また、自分は人に勝とうと戦っているわけではないし、マウンティングだってしていないけれど、人間関係がうまくいかないと嘆いている方もいらっしゃるでしょう。

そういう方の口から終始出てくるのは「嫌いな人」の言動の話。

自分は頑張っているのに、うまくいかなかったのかもしれません。はたまた、過去に人間関係で傷ついていて、過剰に反応してしまっているのかもしれません。

でも、嫌い嫌いと思っているだけでは状況はよくならないし、嫌いな人に対していくら態度に出していなくても相手に伝わります。「あ、嫌われている！」って伝わってしまうものです。お互いに嫌い同士で、コミュニケーションがうまく取れるわけがありません。

嫌いな人を遠ざけることができたらよいけれど、避けられないときもありますよね。

正直、嫌いな人を好きになるのは難しいですよね。

だったら **「普通」の枠を広げて、そこに入れてあげましょう。**

無理に好きになる必要も、親友になる必要もありません。「普通」の枠の最下位、「嫌いじゃないけど、どうでもいい枠」に入れるだけです。

「自分より優れたところを三つ見つける」というやりかたをお勧めします。羨ましくなくてもいいです。真似したくなくてもいいです。たとえば、

・貯金が自分よりずっと多そう
・奥さんの両親と同居している
・犬の散歩を毎日しているらしい

などなど、このようにして「普通」の枠を広げていくと、嫌いな人がどんどん少なくなっていきますよ。

人と戦うでもなく、人を嫌うでもないのに、本人はそんなつもりはないのに、「周りの人に怖く見られる」と悩んでいませんか?

私自身も、かつてはそうでした。仕事柄、部下や企業を指導する立場であったため、私

のことを知らない人からは、余計に「怖そう！」「完璧主義そう！」「厳しいことを言われそう！」なイメージを持たれることもありました。仕事中の雑談や、クレーマーに笑顔で接するのはなかなか難しいものです。

「怖い人」のイメージをなくすには、どうしたらよいのでしょうか。

満員電車に乗っている人たちはみな、怒っているように見えませんか？

日本人の顔って、無表情でいると結構怖い顔になりがちです。怖い人と誤解されがちな方は、まずは次のことを意識することから始めてみましょう。

・表情を豊かにする（顔のマッサージも効果あり）
・笑顔の回数を増やす
・理路整然としていると隙がなく見えるので、笑いやジェスチャーを話に取り入れる
・少し高めの声で話す
・自分から積極的に話しかける
・服装にも柔らかい色味を取り入れる

これだけで、だいぶ人の印象って変わります。ぜひお試しあれ。「怖そうな人」から脱却できますよ。

アイデア 27

人とつきあうときは「メリット」よりも「リスペクト」

片や、人とつきあうときに、メリット・デメリットを気にする人。

片や、何かしら尊敬できる部分のある人、いわゆる「リスペクト」できる人と交流を持とうとする人。

あなたなら、どちらの人から学びたいですか？

どちらの人と一緒にいたいと思いますか？


人は誰しも、メリットがありそうだと思える人のところへ行きがちです。

過去に私もそんな思いで、そういう人の元へ学びに行ったり、知り合いになったら得かもとセミナーに行ったりしたことがあります。

でも、どんなにその人がその世界で有名でも、お金持ちで地位や人脈があっても、やっぱり心は満たされませんでしたし、つきあいはすぐ切れてしまうものです。

一口にリスペクトと言っても、別に有名人でなくていいし、多くの人に尊敬されるようなことでなくていいんです。例を挙げると、

・誰に対しても平等な態度ができる人
・いつも楽しい雰囲気をつくってくれる人
・背中を押してくれる人
・会うと元気が貰える人
・人が見ていなくてもきちんと行動できる人

すごいなぁこの人！　って思えることがリスペクトです。

リスペクトできる人とは、ずっとつきあいが続きます。

あなたは、メリットがある人、リスペクトできる人のどちらを選びますか？

上司についていてはどうでしょうか。

私は、若いときは不満ばかり言っていました。中堅になって仕事の裁量が増えた頃は、

上司が不甲斐なく見えることがたびたびありました。
今なら、当時は不甲斐なく思えた上司について、違う見方ができます。
普通の上司は、スキル、何を調べたらよいかを教えてくれる。
よい上司は、仕事の仕方、考えかた、在りかたを教えてくれる。
最高の上司は、仕事の楽しみかたを教えてくれる。

かつて最高の上司が教えてくれたことを、いくつか挙げてみましょう。
・どんなに忙しくても楽しい時間をつくる
・チームでやり遂げる
・色々なタイプの人と調和する
・まずは自分で考えてみる、そして相談する
・人を引き立てる
・部下を信じる
これらを教えてくれた上司に出会って、「仕事」って楽しいなぁと心底思えることができました。この頃に培ったことは、今でも私の中心にあり、勉強やその後の仕事に生かさ

れています。そのエッセンスが、人を育てる基本的な考えかたになっています。チームで何かをすると思い出します。そして仲間が増えました。

さらに、**リスペクトする人や憧れる人に「あやかる」**というのも、自分が成長するのに力を貸してくれます。

自分の好きな人・憧れている人と一緒にいると、元気になり気分がよくなって、何か新しいことができそうな気になりませんか？

あやかることで、自分もその人から影響を受けて同様の状態になるのです。

毎年本を買っていて、ときどきセミナーも受講する李家幽竹《りのいえゆうちく》先生。神社の好みが似ているし、とても可愛らしくてすてきな先生のお勧めの和歌山の神倉《かみくら》神社に去年行ってみました。

ガイドブックには小さくしか載っていなかったけれど、行ってよかったと思えるすてきな所でした。先生もここに立ったんだろうなと思うと、感動もひとしおです。

あやかりたい人が身近にいないのなら、会ったことのない人でも大丈夫。

たとえば、その人がお勧めしている場所に行ってみる。その人がほめていた本を読んでみる。どうして、それを勧めたのだろう？　その人の思いまでも想像してみる。ここが大事です。そして、その思いを共有してみましょう。

あやかることで、影響されて、その人の世界観を体験して、「なりたい未来」に近づくことができます。

くじけそうになったときにも「その人ならどうするかな？」と客観的に考えられるようになるので、いいことづくめですよ。

第5章
「時間とお金」を味方につけちゃおう！

アイデア 28

あなたを蝕《むしば》む「時間の呪縛《じゅばく》」

一般的には、「時間がないと、効率が悪くなり、何かをおざなりにしてしまったり、やるべきことができなくなる」と考えられています。

実はそうではなく、「やるべきことはたくさんあるのに時間がない」と思うことによって集中力が下がり、いつまでたっても仕事が終わらない、家事をため込んでしまうなどの状態になってしまうのです。

さらに、焦って目の前のことにも手がつかなくなり、仕事は結局想定した時間に終わらず、その結果また時間が足りない！　という感覚が強くなります。

そして、その感覚がさらに効率を下げるので、仕事が時間内で終わらなくなり、悪循環になっていきます。

この時間に対する渇望感、時間が足りない感覚を、社会心理学では**「時間飢饉《ききん》」**と言います。時間がないという思い込み＝時間飢饉のせいで、結果がついてこないのです。

物理的にやるべきことがあまりにも多すぎるなどの特殊な場合は除きますが、実際には時間が足りないというわけではない、ということです。たしかに私自身も「忙しい」と言う口癖をやめてから、同じ生活でも忙しさの感覚は緩和されました。

時間飢饉の感覚によって生産性が低下していることが、余計に「時間がないからできないという現実」をつくってしまっているのです。

ですから、**「本当にやるべきことはそんなに多くない」「時間は結構ある」という感覚を意識的に持つ**ことによって、かえって仕事もうまく片付くようになります。

私たちは、「もっとたくさん時間があったならあれもこれもできる！　でも実際は時間がないから、あれもこれもできない！」と思いがちですが、そうではありません。

「時間は、実はある」

この感覚を身につけられるかどうかの問題なのです！

誰にとっても一日は二十四時間です。

しかし、楽しいと短く感じ、嫌な時間は長く感じます。常に忙しく過ごしていると、本来楽しい時間さえ何かにせっつかれているように感じてしまうということが起きます。

私自身、フルタイムで働いていた全盛期には、効率よくしようとするあまり、何かがキャンセルになると「時間がもったいない。もっと早く言ってくれれば、他の予定を入れられたのに！」と考えていました。

通勤時間に、ラッシュの波に乗れていない人が前にいるとイラッとしたり、急いでいないにも関わらずエスカレーターで片側が空いていないとモヤッとしたり。

さらに、気持ちに余裕がないので頻繁に忘れ物をしてしまい、ますます忙しくなる……と、悪循環に陥っていました。

また**「時間貧乏性」**でもありました。これは、限りある時間をできるだけ有効活用しようとするあまり、何もしないリラックスタイムが資源の無駄遣いをしているような感覚になることです。

予定を詰め込んで押しつぶされそうになったり、逆にスケジュールが埋まらないと不安になったりしてしまいます。

どうでもいいことにイライラして、余裕がなくなるほどスケジュールを詰め込むのは、「時間を有効に使う」という自分の望みから離れていってしまいます。

そんな毎日を見直し、「ごきげんに過ごす」ことを朝に決めるようになってからは、乗るはずの電車が行ってしまっても、「まぁ、いっか」という気持ちになります。そして、不思議なもので、乗るはずの電車が行ってしまうこと自体が圧倒的に減ったのです。

予定が急にキャンセルされても、ちょうど他の予定が入ったり、のんびりできたりと、かえって有意義な時間を過ごせるようになります。エスカレーターも急いでいないときは歩かなくなりました。

気持ちに余裕ができると、笑顔も増えて気分もよくなります。気分がよくなることで、ミスが減り、その結果仕事の効率も上がるため、同じ仕事でも早く終わることになるのです。

ところで、「忙しい?」と聞かれたとき、ちょっと誇らしげに「最近忙しくて」と答えていませんか? いつも「忙しい」と言っていると本当に気ぜわしく、より忙しい気持ちになりがちです。

言霊と呼ぶほどに、普段口にする言葉は大切です。

大切なことなので何度も言いますが、口に出し・耳で聞く言葉は、ただ見聞きするよりも脳に刻まれます。脳は主語がわからないので、自分が発する言葉によって、心が支配されてしまうのです。

つまり「忙しい、忙しい」と言うことで、脳がさらに忙しい現実をつくり、余計追い詰められていってしまうのです。

ときには仕事や勉強が立て込んだり、家族にトラブルが起きることもあります。

そんなときは**「忙しい、忙しい！」ではなくて、「盛り上がっています！」**と答えるようにしています（恩師の受け売りです）。「盛り上がっています」という言葉は、たったそれだけで、なんだか楽しくなりませんか？

「忙しい」という漢字は、「心を亡《な》くす」と書きます。くれぐれも心を亡くさないように、「忙しい！」を禁句にして、「忙しい」の呪縛から自由になりましょう！

アイデア 29

人生の後半を楽しいものにするために

人生の折り返し地点とも言うべき四十代前後から起こる精神的な危機を「**ミッドライフ・クライシス（中年の危機）**」と言います。

四十歳くらいになるとまず、いやおうなく「もう若くないんだ」ということを目の前に突きつけられる時期です。また、親の介護や子どもの巣立ちなど、ライフサイクルが変化していく時期でもあります。

そして、自分の人生の残り時間や、過去を含めた現在までの自分自身を意識するようになり、「本当に私の人生、これでいいのか？」「あのときこうしていたら違っていたかも」と考え始める時期でもあります。

仕事やプライベートにおいて転機を重ねて迎えると、精神的な葛藤を引き起こしやすくなります。
その要因はさまざまですが、
・**身体面での変化**：若いときのように徹夜ができなくなるなど、体力の衰えを感じる
・**職場環境の変化**：職場の新技術導入や自身の役割変化についていけなくなる
・**家庭のライフサイクルの変化**：子どもの巣立ち、親の介護など、家族構成の変化
・**将来に対する憂鬱・怒り**：経済状況や健康状態、社会的ステータスの下降
などです。

二十代の頃には、「夢のような人生はこれから！」と希望でいっぱいだったはずが、「人生には限りある」という事実に直面して、ＳＮＳでの他人との比較で苦しくなる、忙しい毎日で、これからどう生きていくのかわからないまま突然不安になる。また、若さを取り戻そうと整形に熱中したり、昔の恋人と不倫したりなど、突飛な行動に出る人もいます。

でも、そういった不安や葛藤は、いずれ誰もが感じることです。女性も男性も同じです。
見方を変えると、この時期は、もがいて悩んで、人との比較ではない、「**自分はどう生**

きたいか？」「自分にとっての真の幸せとは何か？」「自分の在りかたとは？」を、とことん考える貴重なチャンス！　でもあります。

たしかに若いときはお肌もピチピチで身体も軽く、何の不安もなかったものです。

でも歳を重ねると、これまでどう生きてきたかが、顔に、そして行動に出てしまいます。

たくさんの経験を積んだからこそ、個性の違いも出て、量産品ではないオンリーワンの自分になるのです。自分で決めて行動した人が、後半の人生を楽しくできるのです。

これからの自分の人生をどうしたいか、とことん考えましょう。

アイデア 30

人生の質を変える「時間の節約と投資」

一時期、私は口癖で「忙しい」を連発していましたが、あるときから言うことをやめました。

その代わりに、**「時間をどう節約するか」**を工夫してきました。

時間を節約するポイントや方法は、人それぞれ選択肢があっていいと思います。

電化製品の機能も進歩して、家事も以前に比べだいぶ時間を短縮できるようになりました。インターネットでほぼ何でも買えるようになり、買い物時間も節約できます。

交通機関を使うときは、基本的に値段より速さを取ります。お金を余分に払うことで空いた時間、体力を別のことに使えます。

勉強も同じで、お金で価値を買っています。自分で悪戦苦闘したり試行錯誤したりする時間を節約できる。いい講師に出会えれば、より学習内容も身につくし、何より安心して進められます。

では、何にでも時間を節約しているのかと言うと、そうでもありません。たとえば本は、発売日当日にどうしても欲しい場合や、書店で見つけられなかったときはアマゾンで購入しますが、原則として本屋さんで手に取ってから買います。

理由は、本の読みやすさ、手に取った感触、まえがき・あとがきなどを読んでから決めたいからです。そして、本屋さんが大好きで、買おうと思った本以外にもステキな本と巡り合える場合があるからです。この付加価値は、ネット注文では得られません。

時間をどう使うか？　誰とどのように使うか？

節約したいときはどんなとき？　無理に節約したくないのはどんなとき？

一度じっくり考えてみましょう。その後の時間のとらえかたが変わりますよ。

また、時間を有効に使いたいなら、心身ともに健康が第一です。

プライベートな心配事はないほうが集中できますし、人間関係のトラブルも回避するに越したことはありません。

健康の大切さはわかっていても、**身体のメンテナンス**は、忙しいとついつい後回しになってしまいますよね。寝れば治るかな〜って、つい思いがちです。睡眠も大事ですが、肩こりや腰痛や身体の歪みも不調の原因になります。

心も身体も不調や心配事があっては、最高のパフォーマンスは出せません。
心はもちろん、不調が起きる前の身体へのメンテナンスは、自分への投資としてしっかり行いましょう。

身体のメンテナンスとして、**「散歩」**はお勧めです。運動嫌いの私ですが、散歩は大好きです。歩くと「幸せホルモン」とも呼ばれる「セロトニン」という脳内物質が増えることはよく知られています。
歩くだけでセロトニンが十分に分泌されて、人は幸せな気持ちになれるのです。なんだか散歩をした後は気持ちがいい、と思うのは気のせいではなく、科学的にも理に適っていることなのです。

散歩はいいことだらけです。

・何かアイデアが欲しいとき
・行き詰っているとき
・ネガティブな考えに陥りがちなとき
・気分転換・ストレス解消したいとき

散歩は血流をよくし、適度な刺激で骨も丈夫になって、心肺機能の向上も見込めます。ベートーヴェンやダーウィン、カント、スティーブ・ジョブズなど有名な人たちが散歩をしていたエピソードがあるのも、その効果を実感してのことなのでしょう。

ちょうど、この本を執筆している時期は、新型コロナウイルスの影響で外出自粛期間でした。三密を避けつつ、道端の花に癒されて散歩をすることが、毎日の不自由な生活にどれほど癒されたかわからないくらい。今ではお散歩大好き人間です。

時間を節約したら、次は豊かな時間を少しずつ増やしましょう。

「うっとりする時間」を持っていますか?

友だちとのお喋りで、ちょっと愚痴を聞いてもらってスッキリした。ちょっと美味しいものを食べた。セールで何となくお買い得品を買った……。

どれも何となく楽しめたけれど、ストレスを一瞬解消しただけ。

「極上のあなた」には、「うっとりする時間」が必要です。


あなたがうっとりする時間は、どのような過ごしかたをしているときでしょうか?

まずは考えてみてください。

たとえば、
・すてきなスパで全身マッサージを受ける
・美しい海辺の夕陽を眺める
・お花でいっぱいの場所に行く
・好きな俳優が出ているドラマをイッキ見する
・ちょっとお高いチョコレートを味わって食べる

などなど。

あなたが忙しいほど、「うっとりする時間」は何よりの栄養になり、五感を削ぎすませ、必要なものをキャッチできる、本来のあなたの心と身体に戻る時間となります。

うっとりする時間を持ちましょう。

アイデア 31

「自己投資」は、とっても大事!

あなたは**「自己投資」**として、何をしていますか?

今の自分よりも成長した自分になるため、自分の価値を高めるため、なりたい未来を手に入れるため、楽しい人生・より豊かな人生を生きるために「自己投資」は必要なことです。

たとえば、一年に一度しか行かないゴルフのために、見栄でプロと同じ仕様の高いクラブを使うのは浪費に近いかもしれません。でも、プロを目指して毎日練習している人が、プロ仕様のゴルフクラブを買うのであれば、それは自己投資ですよね。

限りある時間の中で自己実現するには、自己投資は必要不可欠です。

自己投資にはこんなものがあります。

・資格取得や専門分野などの勉強
・気になる分野の本を読む
・芸術に触れる
・旅に出る
・普段会わない人と会う
・憧れる生活の一部を体験してみる
・身体メンテナンスのためにエステやマッサージに行く

他にも、探してみたら、すぐにできることもたくさんあるでしょう。

自己投資を始めたからと言って、すぐに変化を実感することは難しいかもしれません。けれど自分だけで試行錯誤するよりも、その道のプロに教えてもらう、教養を身に付ける、感性を磨くことは、誰かが時間と労力をかけて修得してきた成果を分けてもらうことでもあり、きっとあなたの未来のために必要なことです。小さなことから始めて、成長していきましょう。

ところで、自己投資として何かをやりたい、学びたいと思ったときに頭をかすめるのは、通えるかどうかなど距離や時間の物理的問題もありますが、「月謝が高い」「他にもっと料金が安い教室や、同じ料金で内容がより充実した講座があるかもしれない」という金銭的問題でしょう。

大人になってからの勉強に八桁のお金を使っている私であっても、新しく何かをやろうとするときには考えてしまいます。

でも、もっと知りたい、学びたい、この人から教えてほしい、という直感が外れたことはありません。なぜなら、チャンスを掴める自分の直感を信じているからです。

「やりたい！」と感じることの先に、なりたい未来が待っているのです。

そして、お金は後から稼ぐことはできても、今この瞬間は取り戻せません。

始めたいと思った今がベストなタイミングなのに、それを逃すほどもったいないことはありません。もったいないのは、お金か？　時間か？　未来か？　ということなのです。

よく「生きたお金を使いましょう」と言います。もちろん、誰かのために使うこともあてはまりますが、**「自分のごきげん」のために使ったものも「生きたお金」**なんですよ。

「幸せなお金持ち」は、「できるだけ早く、喜んでお支払いさせていただく」という話を聞いてから、私もそれを真似するようにしています。お金を「払うのが惜しい」ということでお金が滞ることから自分を解放するわけですね。

せっかくお金を使うなら、**「なんとなく使う」のをやめて、「ごきげんの対価」**として使いましょう。

ちなみに、「お金が欲しい」と言う人ほど、実はお金に対してネガティブなイメージを持っていると言われています。これは日本の伝統的な価値観なのかもしれませんが、たとえば、

「お金はなんだか汚い」
「お金持ちはずるいことをしてお金を儲けた」
「お金を稼ぐには、いろいろなことを犠牲にしなければならない」

などです。

親から「子どもがお金の話をするんじゃない！」と言われて育った人も多いかもしれま

せん。

逆に、「幸せなお金持ちは、みなお金が大好き」という話もあります。

お金が欲しい、お金にたくさん来てほしいと思っているのに、心の底では嫌っているのでは、人間関係と同じでお金も寄り付かないのではないでしょうか?


投資や占いの世界では、「お金は寂しがり屋」だと言われています。

つまりお金は、
・楽しそうなところ
・居心地がよいところ
・自分を好きなところ
・仲間がたくさんいるところ
・気持ちよく手放してくれるところ
に集まるということのようです。

お金は価値の対価です。お金があることで可能性が広がることも世の中にはたくさんあります。お金はただものを買うために必要なだけでなく、人生の選択肢を増やしてくれるすてきなものでもあるのです。

お金にネガティブなイメージを持っているならば、「お金を好きになろう」と思ってみましょう。

そして、**お金と「両想い」がいいですよね**。まずポジティブなイメージを持つことから始めて、「お金を好き」になり、「お金と両想い」になったら、最強です。

第6章
「生活の場」を味方につけちゃおう！

アイデア
32

一日の過ごしかたを工夫すると、人生が変わる

人生は、一日一日の積み重ね。ならば、今日一日をいかに「ごきげん」に過ごすかを工夫することで、人生を少しずつよい方向に変えていけるということです。ここでは、一日の流れに沿って考えてみたいと思います。


まず、朝一番に何を見るかで、一日が決まります。

目覚めたときに一番に見えるものは何ですか?

一日のスタートに、お気に入りのものが目に入ると一日が気持ちよく始まります。

反対に、見ると憂鬱になるものや、「あーあ」と思うようなものが目に入ってしまうと、よいスタートは切れません。

そのために、ちょっとした工夫をしましょう。

お気に入りの写真、お気に入りの絵、あなたの今日のスタートで気分がよくなるものが、目覚めたときに最初に目に入るように、用意しておくのです。

私は目覚めたらほぼ必ず猫たちが目に入るため、朝から「かわいい！」「大好き！」「癒される」と幸せいっぱいで一日が始まります！


起きてからは、「時間」を意識して暮らします。

ところで、あなたの周りにある時計は、すべて同じ時間ですか？

どの時計も時間がバラバラでは、どれが正しい時間なのかわからず、混乱が起きやすくなります。

また、時間が止まったままの時計は、持ち主が過去にずっと留まっておきたい、過去が忘れられない、という思いの表れの場合もあります。

以前の私は、わざと三分、五分と時計の時間を進ませていました。それは、時間に余裕を持って行動するためでしたが、今思えば、これは「今」をしっかり生きることなく、余裕をつくるつもりが逆に混乱してしまっていたのです。

「今」を生きていくためには、まず、**すべての時計の時間を合わせる**。電池切れの時計は電池を入れて復活させる。壊れた時計は修理するか処分する。こうしてすべての時計を現役選手にしてあげます。こうすることで、停滞していたものごとも動き始めて、流れが変わってくることでしょう。

また、毎日無意識にしていることを「見える化」して改善していくことも大切ですね。

そして一日の終わり。頑張る人ほど、眠りにつく前に「今日もこれができなかった！」「明日はあれをやらなくちゃ！」と、今日できなかったことの「反省の時間」にしてしまうようですが、眠る直前までＴＯ ＤＯリストの呪縛から離れられないということであり、「ごきげんな一日」のためには、とてももったいないです。

よい睡眠をとり、心身ともに休ませるためには、**「今日できたこと」を思い出して、よい気分で眠りにつく**ことがお勧めです。「今日できたこと」は、慣れないと意外と思い付かないものですが、少しずつ練習していくと、習慣にできますよ。

見つけかたとしてのヒントは、

・感情が動いた
・数字が変わった
・人からの反応……
などです。

たとえば、
・日中頑張って定時退社し、帰りにお気に入りのカフェに寄って気分転換。優雅な気分を味わえた
・面倒で延ばし延ばしにしていた高速バスの予約をして、懸念事項が減ってすっきりした
・山盛りの書類をほとんど処理、気持ちよく週末に入れた
・最近ご無沙汰だった本を一冊読み終えた
・読み終わった本を段ボール二箱分も処分した
・久しぶりに会った元同僚にチョコをあげたら、とても喜んでくれた！　私も嬉しい
・「いつもオシャレですね」と言ってもらえた

・先回りして仕事をやりやすくしておいたら、先輩に感謝された

このような時間は、気分よく眠りにつけることはもちろん、自分がどのようなことに感情が動くのか？　どんなことが嬉しいのか？　自分を理解するのにもとっても役立ちます。

自分の感情がどういうときに動くのかを知っておくと、自分の気分を意識的に上げたいときに役立ちます。そして、幸せな気分のまま眠りにつけます。

できたら、こうしたことを**「今日できたこと日記」**としてノートに書いておくといいでしょう。

ときどき見返しては、「私はこんなことができたんだ」「私はこんなことに感動するんだ」と再発見して、落ち込みグセを解消するきっかけにもなります。

そうは言っても、たまには家族と喧嘩したり、明日の大仕事に緊張していたり、体調が悪くネガティブ思考になったり……そんな日もありますよね。

眠る前に「悲しい」「つらい」「不安だ」「自信がない」「失敗したらどうしよう」などとマイナスの気分のまま眠ってしまうと、夢見が悪かったり、翌朝も気分が優れなくなりがちです。

そんなとき、ぜひやってみてほしいのが、自分で自分を両手で抱きしめながら、「大丈夫だよ」「大好き」「きっとうまくいくに決まってる」そんな**ポジティブな安心させる言葉**を口にして、自分にたくさん浴びせてあげること。この言葉を自分が聞くことで、いい気分になり、安心して眠れ、ちゃんと脳にも伝言してくれます。

アイデア 33

「期待に応えないキャンペーン」をやってみる

「ほめられたとき」
「成果を出せたとき」
「義務を果たしたとき」
「周りの期待に応えられたとき」

人からもすごいねってほめられたら、すごく気持ちがいいし、嬉しいですよね。

そして、どんどん役に立つことを探しているうちに、いつしか迷い込む……。

さらに期待に応えようと自分を追い込んで、苦しくなる……。

仕事に邁進している頃の私もそうでした。

上司の期待以上の成果を出して、「そこまでできると思っていなかった！」と言ってほしくて、苦しくても頑張っていました。

もちろん誰かの役に立つことや期待に応えるために頑張ることは、大きな力になる場合も多いので、それ自体は否定はしません。

ただ、よく思われたい、評価されたいと強く思いすぎるあまり、つらくなったり、いつも誰かに怠けていないかチェックされているような気持ちになったら危険信号です。

というのも、うまくいかなかったとき、誰かにがっかりされると思い、責められている気がして、できない自分を責めてしまうからです。


行動の基準を「自分がやりたい」ではなく「誰かの役に立つこと」「誰かの期待に応えること」にしていると、いつのまにか本当に自分がやりたいことが何なのかわからなくなってしまいます。

だから、あえて**「期待に応えないキャンペーン」**を数日やってみることをお勧めします。

数日やってみることで、自分がやりたいことなのか、そうでないのか、自分はどこに向けて頑張っているのかが見えてきます。

誰かの期待に応えるためであれば、期待するのは相手側の問題なので、そもそも期待に応えなければならない義務はありません。

一方、ただやってみたいと思ったことが、将来に役立ちそうにないことだったとしても、何かがアンテナに引っかかったのであれば、あなたの人生を豊かにする、引き立て役や面白いエピソードとなるのではないでしょうか。

自分の人生を豊かにするキャンペーンとして、もう一つ**「待たないキャンペーン」**というのもお勧めです。

ほんのちょっとの時間なのに、信号待ち・電話の取次待ち・エレベーター待ち・レジ待ち……日常どれだけイライラしていることでしょう。

・信号待ちには一分前後
・電話の取次待ちは三十秒
・エレベーター待ちは、一分から一分超
・レジ待ちには、三分まで

これ以上の時間がかかると、たいていの人がイライラするそうです（シチズン時計株式会社の意識調査による)。

誰かや何かに待たされていると思うと、自分の大事な時間を奪われている感じがしてしまい、イライラしてしまうのですね。これは精神的にも美容にもよくありません。

そこで、「待たないキャンペーン」です。正確には、考えかたを変えて、**「待たされている」状態を、「自分の時間として、積極的に使う」と変換してしまう**のです。

たとえば、数分のことなら「人間観察」。道行く人のバックグラウンドを想像したり、私は服が大好きなので、着ている服やバッグを見たりします。今はあんな服が流行っているんだなぁとか、あの色の組み合わせはステキ！　とか。

または、「次のお休みの楽しい予定を考える」。何しよう？　どこに行こう？　誰に会おう？

病院の診療待ちのような長い待ち時間には「読書タイム」。

そして、待ち合わせの人待ち。うちの娘は待ち合わせに遅れてくる常習犯！　以前は会った瞬間にイライラをぶつけ、せっかくの楽しい予定が不愉快な気分から始まるなんてことはしょっちゅうでした。もったいなかったですね。

今は待ち合わせ場所を必ずカフェにして、本かノートを持参してアイデア出しタイムにしています。私自身が時間を忘れて集中しているので、多少の遅刻は気になりません。

ちなみに、イライラしない別の方法として、「小さい手鏡」をバッグに忍ばせておくのもいいですよ。その場で手鏡がなければ、電車の窓やエレベーターの中の鏡でもいいので、**「自分の姿を見る」**ことが大切です。

ハーバード大学の研究によると、「イライラしたときに鏡を見ると精神が安定する」と言われています。鏡を見ることで、客観的に自分を見て冷静になれたり、自分のいい顔を見ることで気持ちが回復するとのこと。

気分が落ち込んだときは、鏡に向かって笑顔をつくると気分がよくなりますから、一度やってみてください。

アイデア 34

小さなことから想像し、感受性を磨こう

魅力的な人って、どんな人だと思いますか？

すごく簡単な言葉で言えば、**「感受性が豊か」**ということではないかと思います。


では、どうやったら、感受性が豊かになるのでしょうか？

それは、**「些細なものごとに意識を傾けてみる」**ことから始めてみてください。

よく私がお勧めしている方法は、一つの小さなものごとから、できる限り多くの切り口を見付け出して想像してみるというものです。

たとえば、たまたま冬に見かけたひまわりから、

「どんな色か」

「花は何と同じくらいの大きさか」

「色のグラデーションは」
「花はどちらを向いているのか」
「葉の形や色は」
「どんな匂いがするのか」
「どの角度から撮ったら、インスタ映えするのか」
「花を見てどんなふうに感じたのか」
「なぜ今咲いているのか、毎年この時期に咲いているのか」
「誰が育てているのか」
「ここを通った人はどう思うだろうか」

など、たまたま見かけた冬のひまわりから、できる限り観察し、さらに想像して、些細な出来事から世界を広げてみるのです。

このように小さな視点から視野を広げる練習をしていると、他の些細なものごとからもイマジネーションを広げやすくなっていきます。このやりかたはあくまでも簡単な一例ですが、やろうという気持ちと工夫があれば、感受性を磨くチャンスは実はいくらでも、どこにでもあるのです。

本当に感受性の豊かな人は、些細なものごとに感動できる人、そして、想像力が働く人。想像力が働けば、人の気持ちに共感できます。そうやって感受性を磨いてみましょう。

オンとオフを切り替えて、疲れや感情を引きずらないことも大切です。かつてバリバリ仕事をしていたとき、「どうやってオン・オフを切り替えているんですか？」とよく聞かれました。正直、無理やり切り替えていました。

女性は特に、「女性であること／（親から見て）子どもであること／妻であること／嫁であること／母であること／社会人であること／（学んでいれば）生徒であること」など、ライフスタイルに変化が多く、役割もたくさんあります。

いくつもの役割があることは素晴らしいことですが、果たすべき責任や期待のもその分だけ増えるため、上手に切り替えができなくなりがちです。そして、うまくできないことで自分を責めてしまいます。

そんなとき、どうやって切り替えるか？　自分がしなくてもよいことは、可能ならアウトソーシングしたり、機械にやってもらうことをお勧めします。

私は、「仕事をどうやったら効率よくできるのか」をいつも考えて工夫してきました。

あとは、そのときそのときの「目の前の役割」に集中します。

つまり、**「今の自分は何のポジションなのか？　を決めて、その役割に徹する」**のです。

・仕事中には、晩御飯の買い物のことを考えない
・休みの家族との時間には、月曜日の仕事を考えない

というように、今のポジションに集中するのです

それでもなかなかうまくいかないときは、まずは**外側から小さな変化**を起こしてみましょう。


たとえばいつも同じバッグを持ち歩いているなら、会社に行くとき用と、週末のお出かけ用のバッグを、面倒がらずに毎回替えるだけでも効果があります。

お出かけするときに大好きなバッグに替えたら、中身も必要なものだけにできますし、お気に入りのハンカチにしようかな？　可愛いポーチもあったんだった、と楽しいお出かけモードに切り替わります。

アイデア 35

手放せば、新しいものやことが入ってくる

あなたは、服の処分はどのようにしていますか？　少し前の私は、大好きな服の管理がうまくできなくて、整理整頓のためにどれだけの本を読んだことでしょう。「断捨離」はもちろん、「こんまりメソッド」その他諸々。理論的には理解しているし、今の自分にふさわしいものだけ残せばよいと頭ではわかっています。けど……できない。

ずっと逃げ回っていましたが、新型コロナの自粛期間を「見ないふりをしていた服たちと向き合う時間にしなさい」と言われているようで、思い切って数年越しに向き合うことにしました。

あちこちにしまわれている服を一堂に勢揃いさせます。圧巻。思った以上の量！

お役目が終わった服たちには「ありがとう」。寄付やリサイクルショップ行きの服たち

には「誰かに着てもらってね。ありがとう」。残った服たちには「もっと大切に着るからね！」と声をかけました。たまには自分を強制的に動かすことも必要だと気付きました。

さて、服のような小さなものやことは手放せても、不要になった大きな物事を手放すのは、かなり勇気がいりますよね。

大きな物事との関係は、時間をかけてできたことも多いです。それだけに、その問題に対してのそれまでの努力や頑張りが無駄になった気がして手放せないのです。

でも、**不要な大きな物事を手放したら、必ず必要な大きな物事がその空いたスペースに入ってきます**。それまでは、入りたくてもスペースがなく、入れなかったのです。

つらい不妊治療をやめたらお子さんを授かったとか、婚活をやめたら彼氏ができたとか、惰性でやり続けていた習い事をやめてみたら違う生涯の趣味が見つかった、などよく聞く話です。

私の場合だと、まるでオーダーメイドでつくったかのような今の家に住むようになったこと。私が思い描いていた、家にあってほしい条件三十個をすべてクリアしています。

その家との運命の出会いは、長く悩んで、やっと決心して結婚生活を解消し、気分転換に好きな街に行ったときのことです。

そこで、たまたまモデルルームを見つけ、初めてモデルルームというものに入り、即決してしまったのです。家を買う予定もなく、下調べも全くしていなかったのに運命を感じてしまいました。

だから、あなたも心配しなくても大丈夫！　手放した分だけすてきなものが手に入ります。

むしろ、**大きな物事こそ、不要なら手放しましょう！**

アイデア 36

どんな環境に身を置きますか？

私のお伝えするコンセプトの中に「マインドと環境を整えて、欲しい未来を手に入れよう」というものがありますが、「どんな環境に誰といるか」ということはとても大切です。

知的好奇心が旺盛な人と一緒にいると学ぶことが楽しくなり、夢をわくわく語る人と一緒にいると夢を語ることが普通になり、行動する人と一緒にいるとフットワークが軽くなる。人は、**思った以上に環境に影響を受けている**ものです。

私たちは、人からだけでなく、たとえば「身に着けるもの」からも多大な影響を受けています。あなたは、身に着けるアクセサリーを選ぶとき何を基準に決めていますか？　値段・色・スタイル・仕様・高見え・流行り……色々あると思います。以前の私なら、まずは予算ありきで選んでいました。

でも、大好きなものは別にあるけれど予算内で抑えたいとなると、どこか妥協したり、この値段だから仕方ないと諦めたり、せっかく買ったものなのに大事にしなくなりがちです。そして、満足感が足りないから、気付いたらまた別のものを買う。そのうちに理想とする「好きなものだけに囲まれる生活」から離れていってしまいます。

いつしか、自分のイメージが「本当に欲しかったものにそぐわない私」となっていってしまうのです。「自分は、こんなもの（＝予算の値段）でしょう」と。

これは、絶対もったいないです！　自分を「こんなもの」で妥協するイメージにしてしまいます。

自分の直感を信じて、そして「心の底から好きなのはどれなのか？　値段に関係なく選ぶとしたら、どれ？」と考えることがとっても大事！

「好きだなぁ」「かわいいなぁ」「すてきだなぁ」と思えるものと暮らしていると幸せな気分が続きます。身体が健康でいることと気分よく暮らすということは、生きていくうえですべてに繋がっているからです。

すてきだな、心地よいな、豊かだな、幸せだな……という気分が同じ気分のものを連れて帰ってきてくれるのです。

身の回りのものを見るたびにごきげんになれることも、すごく大事。ただ見るだけでごきげんになるんです。「ごきげん」を基準に動いていくと、エネルギーが変わり、結果、欲しいものやことを引き寄せます！

こんなに大事な役割を持つ「もの」。そんな「もの」たちに囲まれていたら、よいエネルギーが循環されるに決まっています。この**ごきげんパワーが、よいことを連れてくるこ**とを確信してくださいね。身の回りをごきげんになれるものだらけにしましょう。

自分の環境を整えるということの中には、**住環境**もあります。住んでいる家は長い時間過ごすところなので、好きか嫌いかで気分もだいぶ違います。当然、好きなら大切に扱い、嫌いなら無意識にできるだけ不在にしたくなります。

「大きな家に引っ越したら……」と言う人がいます。でも、ちょっと考えてみてほしいのです。今の家を大切にできない人が、新しい家を大切にできるでしょうか？　将来引っ越すにしても、借家でも、古くても、**「今住んでいる家を大切にして気分よく過ごすこと」**は、すごく大事なことなのです。

なぜなら、私たちは一番長く過ごす場所である家から、たくさんの影響を受けているからです。

家という空間を大切にして、家のことを「大好き！」と思ったら、家だって「大好き！」ってお返しをしてくれると思いませんか？

今の家を大切にできたなら、もし引っ越しすることになっても、きっと次の家も大切にできます。

あなたの住むところは、長い時間一緒にいる大切な場所。住む家と両想いになってみましょう。

そして、自分自身の環境の一分野として、**身の回りの人間関係という環境を整えていくこと**は、夢や目標の実現にとても大切です。

たとえば、職場でいつもランチする同僚や、子どものママ友。その人たちがいつも愚痴や悪口を言っていたらどうでしょうか？

あなた自身は言わなくても、彼らに同調しないよう気を付けていたとしても、そんな人に囲まれていたら、どんどんよいエネルギーが奪われてしまいます。居心地も悪いですよね。

反対にいつも楽しそうで、いきいきとしていて、夢や目標を語り合って応援しあえる友人たちとつきあっていたら、よいエネルギーも増えて気分も上がりますね。

夢や目標に向かって自分の環境を整えていこうとするときに人間関係も変化していき、場合によっては不要な人間関係を手放すことになります。

この過程で「自分の周りに誰もいなくなるんじゃないか？」と不安になる人が多いのですが、大丈夫です。**不要な人間関係を手放したら、必ずすてきな人間関係がやってきます。**

勇気を出して不要な人間関係を手放しましょう！

そして、自分の希望する新しい環境に飛び込んでいきましょう！

過去にベストセラーとなった『置かれた場所で咲きなさい』（渡辺和子著・幻冬舎）という本がありますが、家や人間関係に限らず、あなたの置かれた場所が、あなたにとってすごく居心地がよくて、そこにいるだけでワクワクしているなら、そこがあなたの居場所だと思います。

でも、そう感じられなかったり、かつてはそうであっても今は違ってきてしまったと感じているのなら、それはあなたの居場所ではないのかもしれません。

とにかく、**自分がワクワクするほうに、居心地がよいほうに進んでみましょう。**

ちょっと違ったなら、軌道修正をすればいいだけ。

私は「**好きな場所で思い切り咲きたい！**」。

参考文献

『伝え方が9割』佐々木圭一著、ダイヤモンド社

『星の王子さま』サン＝テグジュペリ著、河野万里子訳、新潮社

『あなたの人生を楽園にするハワイ式風水』永田広美著、サンマーク出版

『置かれた場所で咲きなさい』渡辺和子著、幻冬舎

あとがき

この本を手に取っていただき、本当にありがとうございます。心から感謝しています。

これまで、一生懸命に頑張ってきたのに、行き詰まりを感じていたり、思ったようになっていない、望んだ未来をまだ手にしていない女性のみなさんへ、何か一つでも役立ってほしい、ヒントになってほしいという思いで書きました。

「うまくいかないのは、頑張りが足りないからではない」と伝えたかったのです。

どんな「私」が好きですか？

私を好きになるための一歩が、「ごきげん体質になる」ということです。

生きていく中で、いろいろなことが毎日やってきます。この本の執筆中にも新型コロナウィルスという誰もが経験をしたことのない疾病に世界中が混乱し、生活スタイルが一変しました。新型コロナが終息したとしても、また違う何かがやってくる可能性はあります。

でも、どんな世の中になったとしても、「ごきげん体質になるスイッチ」を持っていれば、あなた自身を好きでいられて、気分よく物事を選択して前に進むことができます。応援しています。

最後に、出版に際し、応援してくださった遠藤励起先生、今日の話題社の高橋秀和さん、原稿のチェックをしてくれた次女、執筆中に亡くなった父をはじめ私の家族、そして、毎日私のフェイスブック・インスタグラム・ブログを応援してくださる皆さま、わざわざ私に会いに来てくれた皆さま、今まで私に関わってくれた皆さまに心より御礼申し上げます。

あなたがまずごきげんになって、目の前の人に少しだけやさしくしてあげてください。そのごきげんが連鎖していくからです。

一人ひとりがどんどんごきげん体質になり、さらにやさしい世界になることを切に願っています。

「今日もごきげん！」

朱　麻由美

現在は「ごきげんな人を増産することで世界が優しくなれるように」との思いから、「ごきげんスペシャリスト」として「自分をごきげんにして好きになり、行動すれば、欲しい未来が手に入るということを感じられるランチ会」、読書会、パワースポット遠足、リトリートなどを主催して活動中。

●公式サイト
一般社団法人 Japan Ace 朱麻由美　オフィシャルサイト
https://japanace.or.jp/

●公式ブログ
ごきげんスペシャリスト「朱 麻由美 あかねまゆみ」の
幸せ体質ブログ
https://ameblo.jp/mayumilin/

● LINE@
朱 麻由美／ごきげん体質の作り方
登録してくださった方には、ページ数の関係で
載せられなかった幻の原稿、イベント・セミナーの
先行案内、ごきげん体質になるヒントなどを配信。

● YouTube
もっと幸せになりたい人のためのごきげんチャンネル

■著者プロフィール
朱　麻由美（あかね・まゆみ）

一般社団法人 JAPAN ACE 代表理事、ごきげんスペシャリスト・コーチ、コミュニケーション研修講師。キャリアコンサルタント・プロフェッショナル心理カウンセラー。神奈川大学卒業。

国土交通省職員として30年以上働く。当初、自分の居場所はここじゃないと不満だらけの毎日を過ごすが、シングルマザーになったことから、男性優位の職場で、頑張って女性初のポストを切り開く。

「頑張ればうまくいく」「うまくいかないのは頑張りが足りないからだ」という「頑張り病精神」でこなしていく。２度目の離婚を経験後も次々やってくる体調不良にも目をつぶって仕事に邁進するが、ある日突然次女がうつ病になり、当たり前だと思っていたキャリアを断念せざるを得なくなる。

自分が本当にやりたいことは何か？　どう生きたいか？　自問自答の日々が始まる。そこから、キャリアカウンセリングの学校を皮切りに働きながら心理カウンセリング、NLP、ハワイ式風水、風水心理、カードリーディング等を猛勉強。

早期退職後は、頑張らなければ・役に立たなければという呪縛にとらわれて、「自分にダメ出しをしがちな女性」に向けた一人一人に寄り添うコーチングで、「楽になった」「私もごきげんになりたい」「家族との関係もよくなった」「好きな人生を選んでいいんだと思えた」「楽しく行動できるようになった」など、多くの女性の支持を得ている。

わたしらしく輝きたい！
「ごきげん体質」のつくりかた
——人生を楽しくする36のアイデア——

2020年10月2日　初版第1刷発行

著　者　　朱　麻由美（あかね まゆみ）

装　幀　　根本眞一（クリエイティブ・コンセプト）

企画・編集協力
遠藤励起
岩谷洋介（H&S株式会社）

発行者　　高橋秀和
発行所　　今日《こんにち》の話題社《わだいしゃ》
東京都品川区平塚2-1-16 KKビル5F
TEL 03-3782-5231　FAX 03-3785-0882

印　刷　　平文社
製　本　　難波製本

ISBN978-4-87565-654-8　C0095